JN281580

聖杯の探求◎キリストと神霊世界

ルドルフ・シュタイナー
西川隆範 訳

Christus und die geistige Welt.
Von der Suche nach dem heiligen Gral.

Rudolf Steiner

イザラ書房

シュタイナーは、キリストが「東洋の地下で活動する」、聖杯が「地球のあらゆる神々を照らす」と、この講義で述べています。東洋文化・日本文化の深みに目を向ければ、そこにも、あらゆる宗教を超えるキリスト精神の働きを見ることができます。

東洋では、聖杯は蓮華上の宝珠、蓮華上の日輪として、霊光を発し続けています。

訳者あとがきより

【目次】

Rudolf Steiner
[Erkenntnis des Christus durch Anthroposophie,1922] GA211
[Das Christentum hat begonnen als Religion, aber es ist grösser als alle Religionen,1908] GA102
[Christus und die geistige Welt. Von der Suche nach dem heiligen Gral,1914] GA149
※扉絵のカリス（聖餐用の杯）は高崎聖オーガスティン教会所蔵です。

人智学《アントロポゾフィー》によるキリスト認識

人間は心魂の修練をとおして、まずイマジネーション認識（超感覚的なイメージの霊視）を達成できます。イマジネーション認識が人間の心魂のなかに生きると、いつもは影のように抽象的な内容を提供する思考力をとおして、イメージを受け取ることができるようになります。そのイメージはエネルギッシュに心魂のなかに生きており、感覚的知覚に際して生じるイメージのごとく強烈なものです。

私たちは目をとおしての印象に没頭するとき、色彩のなかで思考します。耳をとおしての印象に没頭するとき、音のなかで思考します。

そのように、私たちはイマジネーション認識のなかで、自分の思考を体験します。私たちが自分の思考を内的に体験できれば、私たちはイマジネーション認識に到達しています。思考が単に抽象的な輪郭で現われずに、内容あるイメージとして現われるなら、私たちはイマジネーション認識に到達しています。

　私たちはイマジネーション認識をとおして、人間の時間有機体である形成力体（エーテル体）を見ることができるでしょう。しかし私たちは、イマジネーション認識へと高まるとき、自分のなかにイメージを有するのだ、ということを自覚していなければなりません。

　人智学的な探究者は、正確な透視にいたります。人智学的な探究者は、「初めは自分自身のなかに生きているイメージが現われる」と認識・洞見できます。この点で、人智学的な探究者は幻視者や霊媒とは区別されます。

　私たちは形成力体をとおして、自分が誕生して以来、人体に彫塑的な形成力が働いてきたことを認識します。とはいえ、私たちは形成力体によって主観的なものだけを知ります。

　しかし人間は、たとえば意識を空っぽにして、イメージを消し去ることができます。そうすると、最初に現われた主観的なイメージはもはや存在しません。この空《くう》なる意識は、外からイメージを受け取る力を含んでいます。

「最初に現われたイマジネーションを消し去る必要がある」ということを知るのは、人智学的な探究者にとって重要なことです。イマジネーションを消去すると、意識は空の状態になりますが、その意識は目覚めており、純粋な霊的イメージを外界から受け取る力を有しています。

私たちは物質的身体に宿るために精神世界から下るまえ、まず自分自身の心魂的・精神的ないとなみのイメージを有します。また、自分の周囲にある精神的・心魂的なものの客観的なイメージにも気づきます。超感覚的イメージを解読するインスピレーション認識（霊的聴取）の段階にいたると、人間はそのような客観的なイメージを受け取ります。

人智学的な探究者の空なる意識のなかに、神霊世界の啓示が流れてきます。正確な修練によって、思考の強化をとおして初めに作り出した主観的なイメージが、客観的なイメージに入れ替わります。

そのような方法で、インスピレーション認識をとおして、空なる意識が客観的なイマジネーションに満たされると、私たちは自分自身について何を体験するでしょうか。私たちが精神世界から物質世界に下るまえに知っていたものを体験するのです。しかし、さらに他のものも体験します。私たちが精神世界から自らの物質存在のなかに持ち込んだものを体験するのです。私たちの意識にとっては、それは思考の力にすぎません。

私たちは意味深い発見をします。この思考がどのようにして成立するのか、哲学者たちは考えてきました。人智学者は、この思考が物質的身体から出来《しゅったい》することはできない、と知っています。その思考は、人間が地上に下るまえに精神世界からもたらしたものです。思考は精神世界では、通常の地球意識における思考とはまったく異なったものでした。地上で私たちの思考は抽象的であり、死んだものを思考するのに適しています。

現代の秘儀参入にまじめに取り組む者は、人々が聞きたがらないことを述べねばなりません。比喩によって、はっきりとさせましょう。

誕生の反対側で人間の地上存在を限界づけるのは、死です。死ぬと、私たちは死体を置き去りにします。死後、私たちの物質的身体は死体となって、地上に残ります。死体は、火葬にしろ土葬にしろ、埋葬されて、土という元素に移行します。

物質的身体は死んだあと、誕生以来心魂によって刻印された法則に従うのをやめます。死体はいまや、地上法則に従います。死体はもはや人間の心魂・精神を内に担っていません。死体は、自然界の存在である鉱物が従うのと同じ自然法則に従います。これが私たちが死んだときの、物質的身体の物質的運命です。

心魂は、精神的・心魂的存在から下って誕生し、物質的身体をまとうときにも、そのような死を体験します。人間の物質的身体が死後、土元素のなかに入り込むように、誕生にあたって心魂は人間の物質的身体のなかに入り込みます。

私たちが最初に精神世界から気づくものは、私たちの思考、私たちの思考力です。私たちの思考力は、心魂・精神の死骸なのです。この心魂・精神が、人間が地上に誕生するまえに、心魂界・精神界で自らの生をいとなんでいました。人間は以前に有していた自らの思考力から、死骸だけを受け取ります。私たちは物質的身体のなかに、私たちの思考内容、つまり心魂の死骸を担います。私たちが死ぬと、物質的な死体を地球が担うのと同じです。

ですから、今日の認識は不満足なものなのです。人間は自らの心魂の死骸を内に担うあいだ、ある意味で、生命なき自然しか把握しません。実験によって単なる生命なき自然以外のものに到達できるだろう、と思うのは幻想です。

たしかに、単なる生命なきもの以上に、人は進むでしょう。有機的身体を提示するでしょう。しかし、有機的身体を実験室で製造したとしても、それを、発展した思考、個人的意識の思考によって理解することはないでしょう。この思考、つまり精神的に死んでいる、心魂の死骸によっては、死んだものだけが把握されます。

これは真実であり、とらわれなく受け取られるべきものです。死んだ抽象的な思考を人間が自分の内に受け入れた人類進化期がかつてあった、ということを明らかにしなくてはなりません。

しかし、内的な生命を持たない抽象的な思考、内的な人間を強制しない抽象的な思考をとおしてのみ、人間は自由にいたることができます。ですから、死が存在するようになってから、自由は発展します。

私たちが思考をとおしてイマジネーション、インスピレーション、インテュイション（霊的実体との内的合一）によって達成するのは、死んだ思考の生命化です。修練をとおして、私たちがイマジネーションにいたったら、思考はふたたび私たちのなかで生きます。「霊的な世界から地上へと下るまえ、私たちは何であったのかについて、思考力は表象できなかった。いま、私たちの思考がふたたび生きるので、私たちはイマジネーション思考とインスピレーション思考をとおして、誕生以前の精神世界における自分を振り返って見る。受胎によって地上の物質・身体のなかに受け入れられるまえ、私たちは霊的存在のなかに生きていた」ということを、私たちは認識します。

精神世界において、存在はいきいきしています。物質的身体における意識のなかで考えると、その存在は死んでいます。

イマジネーションをとおして、それはふたたび生きます。私たちは不生《ふしょう》の心魂に活気を与えます。イマジネーション、インスピレーションをとおして達成されるのは、不生不滅の心魂の活性化です。いまや私たちは精神世界のなかに生きます。思考の高次の能力、霊的形姿・霊的存在・霊的出来事の知覚、それらはすべて、通常の意識にとっては死んでいるものを活性化することにほかなりません。

通常の思考をイマジネーション、インスピレーションへと蘇らせるにあたって、なにかが現代人のなかに入ってきます。それは古代ギリシア、特に古代エジプトや古代ペルシアの秘儀参入学のなかにはなかったものです。

彼らは、ゴルゴタ[01]の秘儀以前の秘儀参入学を受け取りました。キリストが霊的な高みから地上に下るまえの秘儀参入学の内容と、今日の秘儀参入学とはまったく異なっています。歴史は今日、外的な行為に拠って考察されます。しかし、人間の心魂状態が歴史の経過のなかでいかに変化したか、今日、注意されていません。それを秘儀参入学・透視をとおして正確に知ることができます。人間はイマジネーションとインスピレーションに到達したあと、「私を不安にさせるものが、私のなかに入ってくる」と思うにちがいありません。

これは通常の体験ではありません。人間が今日、イマジネーション、インスピレーションへと飛翔すると、本当に衝撃・不安が現われます。今日の人間は透視的になると、「私は自分の前進をとおして利己的になりすぎた。私の個我は強固になりすぎた。私の個我はあまりに強くなった」と思わざるをえないからです。

このようなことについて正しく学んでいる人は、そう思います。人間の心情に関して不安に襲われて、「私の個我は強く働きすぎる」と思うのです。

ゴルゴタの秘儀以前の人々においては、この体験は逆のものでした。彼らは、「私の個我は、秘儀参入をとおして弱くなった。私はある意味で、無意識になった。秘儀参入を体験しなかったら、私は人間として浅薄になるが、個我は強くなる」と、思ったにちがいありません。

通常の生活のなかになくてはならないのは、自然で健康な利己主義です。ゴルゴタの秘儀以前に生きた人間において、その利己主義は消し去られました。その人は秘儀参入をとおして、自分が宇宙に注ぎ出たように感じました。彼の意識の明るさ・強さは弱まりました。

今日の人間は秘儀参入をとおして、より意識的になります。個我がより意識的になり、より強くなります。秘儀に参入するときに、個我が危険な方法で強くなりすぎないために何かが必要だ、と感じた最初の人間はパウロです。パウロは『新約聖書』で語られている「ダマスクスの体験」(「使徒行伝」九章)以来、そのことを意識しました。

パウロがゴルゴタの秘儀認識をとおして知ったのは、自分が神霊世界を洞察したということです。この洞察を危険なしに保つために、彼は自分の個我を弱くしなくてはなりませんでした。新しい秘儀参入者が述べねばならない普遍的な言葉を、パウロは世界に提示しました。「私ではなく、私のなかのキリスト」(「ガラテヤの信徒への手紙」二章)という言葉です。

そのように、人間はキリストの力で活動します。強くなりすぎた個我のなかにキリストを受け入れるということを認識すると、人間はゴルゴタの秘儀をとおして地球にやってきたキリストの力に貫かれます。そうして、個我はふたたび正しい方法で、人間のなかに入れられます。

「私ではなく、私のなかのキリスト」というパウロの言葉は、宇宙的に意味深い言葉です。

これは、現代の秘儀参入をとおしてキリストの力を体験する者に方向を示す言葉です。

今日の抽象的な思考は、自分が生まれる前の思考に対して、私たちの物質的身体のなかに棲む死骸だ、と私は言いました。これは、すでに示唆したように、現代の人間においてのみ生じる事態です。ここで言う「現代の人間」のなかには、ゴルゴタの秘儀以来、今日の心魂状態へと次第に準備されてきた人々も含みます。

ゴルゴタの秘儀の二～三世紀後、三世紀・四世紀になってから、思考はかすかに今日と同様の性格を持ちはじめました。それ以前は、あらゆる古代民族において、思考がまだ生命を有していました。思考は内的な生気を、地上存在のなかに持ち込んでいました。精神的・心魂的存在であったときに有した生気を、思考は地上存在のなかに持ち込みました。人類の内的な心魂状態の進化を研究する人は、このことに思いいたります。

あらゆる古代の世界観において、秘儀参入学から発した世界観であれ、秘儀参入学を有さなかった世界観であれ、川・泉・雲・稲妻・雷・植物・動物などが、霊的なもののように見なされました。単なる詩的な空想から、通常「アニミズム」と言われる「自然の神霊化」が発したと思うのは、陳腐な表象です。アニミズムというものは存在しませんでした。

植物を見るとき、そこに霊的なものが支配しているのを見る思考が、人間の心魂のなかに存在していたのです。今日の人間が通常の意識で緑の葉や赤い花を見るように、古代の人間は神霊的・心魂的なものが支配しているのを見ました。雲のなか、川のなか、山のなか、谷のなかに神霊的・心魂的なものを見ました。今日では精神なきものと見られている存在すべてが、内的に霊に浸透されているのを見ました。

なぜ、自然界が内的に霊に浸透されているのを人間は見たのでしょうか。自分のなかに入ってきた、いきいきとした力を有していたからです。今日わたしたちが両手を延ばして物に触れるように、その思考は霊的に事物へと伸びました。そうして人間は、いきいきとした思考器官、霊的な触覚器官によって事物の精神・心魂を把握しました。

しかし、太古には強力だった思考の生気は、だんだん少なくなっていきました。その古代について示せるのは、秘儀参入学だけです。思考の生気は次第に弱まってきました。そして紀元後四世紀以来、私たちの思考が内的に死んでいることが明らかになります。生命のない思考は、生きているもの、つまり植物・動物・人間のなかに死んだものしか見ることができない、ということが明らかになります。

古代の人間は、自分のなかに生命的な思考が生きている、と自己観察しました。そして、その生命的な思考は、自分が生まれるまえに自ら精神世界で形作ったものを継続している、と体験しました。古代人は意識的に、「私は自分が地上に生まれるまえに生きていたのと同じ生命的な要素のなかに生きている」と、思うことができました。自分といっしょに誕生して、物質的身体のなかに入り込んだものを、自分のなかに感じました。

これが、三世紀・四世紀以後、別様になりました。人間は自分の内を見ると、死んだ思考を感じました。しだいに思考が内的に死んでいったのは、非常に重大な歴史的出来事です。

さて、思考がしだいに人間の心魂のなかで死んでいくということ以外には何も地球で起こらなかった、と思い描いてみましょう。ゴルゴタの秘儀が地上で生じずに、地球進化が三世紀・四世紀と進んでいった、と考えてみましょう。ゴルゴタの丘に十字架が立てられなかったら、人間の心魂はどうなっていたでしょう。そうしたら、人間は肉体のなかで死んだように感じたことでしょう。物質的身体が死んだのを見て、「地上に誕生するとともに、私の心魂は死にはじめる。心魂は物質的身体の死を共にする」と、思ったにちがいありません。

ゴルゴタの秘儀がなかったら、物質的身体の死とともに心魂も死んだことでしょう。「私たちは地上に結び付けられており、身体の死とともに死ぬのだ。三世紀・四世紀まで私たちが有した生き生きしたものを、いま私たちは有することができない。いまや私たちの心魂は、身体の運命を共にするだけだ。心魂は死ぬ」と思わなくてはならないとしたら、なんと悲劇的なことでしょう。「まだ死が襲ってこないので、いましばらく心魂は地上に存続するだろう。しかし、だれにも死はやってくる」と、人間は思ったことでしょう。

しかし、そうではありません。ゴルゴタの秘儀は成就しました。この秘儀は古い方法で進展するのではありません。

　秘儀参入学を修得した者は、通常の心情が福音書をとおして洞察できるのとは異なった方法で、ゴルゴタの秘儀に目を向けます。といっても、私は福音書をとおして洞察する方法に反対しているのではありません。福音書をとおして洞察する方法は、キリスト教に迫るときに、最初に歩まねばならない道です。

　しかし、福音書をとおして最も単純な心情に伝えられるものが、秘儀参入学に取り組むと、非常に深まっていきます。単なる信仰に固執しない人がインスピレーションからインテュイションへと上昇すると、一個の精神世界が聳え立ちます。まさに秘儀参入者にとって、ゴルゴタの秘儀は宇宙における大きな慰めです。秘儀参入者は、正しい方法でイマジネーションとインスピレーションをとおして進歩したとき、自分の個我が強くなりすぎたのを感じました。個我は人間の自由の原基を形成します。この強すぎる個我が進化できると、人間は死んだ思考をとおして入ってくるものから救われるにちがいありません。

　人間は秘儀参入学の観点から、初めて、死にゆく思考の悲劇を正しく見ます。しかし、その背後に、ゴルゴタの秘儀から真理が立ちのぼります。一方では、人間の心情が、「君の個我は強くなりすぎた。君は精神存在として強固だ」と、私たちに語ります。べつの側[02]で、ゴルゴタの秘儀が歴史上の出来事として現われます。しかし、超感覚的に眺めると、神存在キリストが、まずナザレ[03]のイエスの身体を貫き、そしてゴルゴタの丘での死を通過しました。

正しい方法で秘儀参入すると、一方では個我の強化を体験し、他方ではゴルゴタの秘儀の真実を体験します。福音書の背後、通常の読書によって認識できる内容の背後に、インテュイション的な観照・洞見が現われます。福音書はその観照・洞見に由来します。

秘儀参入者は、福音書が語る内容を教示されません。秘儀参入者は、いま述べた自己意識を死後に受け取ることを可能にするのと同じ力をとおし、インスピレーションとインテュイションをとおして、イマジネーションを得ます。そうして、外界の真実を客観的に受け取ります。こうして、秘儀参入者は自分自身で福音書を書くことができるのです。

私たちは、福音史家について正しく理解できます。「紀元後三～四世紀のあいだは、まだ古代から生命的なものが存在していた。個々人は当時、秘儀参入学なしに、ゴルゴタの秘儀を見て、正しい方法で解釈できた」と、秘儀参入者は思います。

紀元後四世紀間、古代の秘儀参入者がグノーシス的にゴルゴタの秘儀を解釈していなかったら、福音書は存在しなかったでしょう。そのような秘儀参入学から、古代のスタイルで福音書は書かれたからです。

グノーシスは人智学に似ているだけであって、同じものではありません。最初の福音史家たちが福音書のなかに書いた出来事を霊視すると、ゴルゴタの秘儀を認識できると同時に、福音書の起源を認識できます。そのようにゴルゴタの秘儀を認識し、パウロが「キリストが復活していなかったら、私たちの信仰は空しく、私たちの心魂は死んでいただろう」(「コリントの信徒への第一の手紙」一五章)と言ったのを認識します。

ゴルゴタの秘儀が行なわれなかったら何が起こっていたかを、いま人々は知ります。キリストが人体に入って、人体のなかで死を体験し、地球の力と結合するのが、ゴルゴタの秘儀です。それ以後、キリストは地球の力と結び付きました。ゴルゴタの秘儀以降、キリストの力は地球とともに生きています。特に、地上の人類の進化とともに生きています。以前には、地上の人類の進化のなかにキリストの力は入っていませんでした。

パウロは復活したキリストについて、「キリストは死を体験し、死に勝ったのだ」と、思いました。「キリストは霊的に生きた存在として、死から復活し、それ以後、人類とともに生きている」と、思いました。

人類は、キリストなしには、死んだ思考しか持たなかったでしょう。一柱の神、キリストが地上に下り、地上に生きたことを、パウロは思い出します。かつては、思考がまだいきいきとした性格を地上にたずさえてきました。それに対して、三世紀・四世紀以来、地上の心魂はゴルゴタの秘儀を体験することによって、思考を蘇らせました。キリストの死と復活をとおして、心魂は思考において生命化されました。

人間はもはや、身体とともに死ぬのではありません。もしもゴルゴタの秘儀が行なわれていなかったら、人間は身体とともに死んでいたにちがいありません。

秘儀参入者は、強くなりすぎた自分の個我を見て、そして、ゴルゴタの秘儀のイメージを見て、精神世界から人間の心魂の進化を読み取ることができます。キリストが復活をとおして人間の心魂をふたたび生命的にしたことを、秘儀参入者は知ります。

このように、現代の秘儀[04]参入学つまり人智学は、ゴルゴタの秘儀を内的にいきいきと把握するにいたります。秘儀参入学はキリストから去る道ではなく、キリストにいたる道なのです。秘儀参入学をとおして、キリストは霊的な方法で見出されるのです。

ゴルゴタの秘儀の作用を受けた秘儀参入学から明らかになる人類の進化を、ここで手短かにスケッチしておきましょう。

人類進化の遥かな古代を振り返ると、通常の意識が先に述べたような意味で形成されていたのを、私たちは見出します。思考はいきいきしていました。人間は周囲の自然のあらゆる存在のなかに、物質とならんで霊的なものを見出しました。もちろん、この霊的なものを知覚するとき、人間の意識は夢想的でした。しかし、この夢想的な意識のなか、この本能的な霊視のなかには、いきいきとした思考をとおした精神世界との本源的なつながりがまだありました。当時、古い意味での秘儀参入学を知る者たちが、大勢の人々から際立っていました。

古代においては、あらゆる知を秘儀参入学と名付けることができます。通常の人間が、一種の透視能力を持っていたからです。

私が先ほど述べたことを、彼らは有していませんでした。しかし、彼らはそれを、ある種のイマジネーション、インスピレーション、インテュイションへともたらしました。インテュイションにおいて、人間は精神世界のイメージだけを体験したのではありません。神霊存在そのものも体験したのです。人間は個我をもって、霊的なもののなかに流れ込みました。人間は古代の秘儀参入をとおして、霊的なものを体験しました。神霊世界から人々のところに下った存在たちを体験しました。

それらは物質的な存在ではありませんでした。物質的感覚によって知覚できる存在ではありませんでした。言葉を発する存在ではなく、その声を私たちは耳で聞くことはできません。それらの存在とは、霊的観照をとおしてのみ交流できました。そのような壮大な霊的観照において、太古の秘儀参入者たちは、霊体で地上に下った存在たちと接触しました。それらの存在は物質的身体に下ったのではありません。物質的な思考をとおしては到達できない精神的・心魂的な存在について、彼らは教えました。それが古代の認識の、最も本質的なものです。

これを要約するなら、「人類の最初の偉大な教師は神霊存在たちであった。それらの存在は、太古の秘儀参入者たちと霊的に交流した。人間の誕生の秘密、超感覚的・神霊的世界から下った不生不滅の生命的心魂の秘密を、それらの存在は太古の秘儀参入者たちに伝えた」と、言わねばなりません。

古代に、人間が神霊世界の啓示をとおして知ったのは、誕生の秘儀でした。本能的な霊視によって予感したものを、透視的認識において洞見することを、古代の人間は学びました。「人間は不生である」ということです。彼らは秘儀参入学をとおして、物質世界に下るまえの霊的な心魂の運命を振り返ることを学びました。古代に教えられたのは、人間の誕生の秘儀です。

ゴルゴタの秘儀をとおして生じるものが、密儀の儀式をとおして外的に行なわれていたとしても、それはゴルゴタの秘儀以後に成立したものとは異なります。ゴルゴタの秘儀以前、人間は死を、のちの時代のようには見ていませんでした。「自分は不生だ」と、人間は知っていました。物質界に下るまえと同様、生きた心魂が人間に授けられていました。

その生命的な心魂が死を通り抜けていく、と人間は予期していました。死は、まだ悲劇的なものとして心魂のまえに現われてはいませんでした。「身体の死とともに、私の心魂は死ぬかもしれない」とは、まだ思われませんでした。

人間は、自分の心魂が生きているということを知っていました。しかし、思考が非生命的になっていく時代が近づいてきました。抽象的思考という死骸が精神世界から下ってくる時代が近づいてきました。人体の死という出来事が内的に重要になったのを、人間は体験しました。そして、ゴルゴタの秘儀を示唆する儀式をとおして、人間は慰められました。「神々と、神的な人間の心魂は死ぬことがない。それらは復活する」と、人々は思いました。

それは儀式によってもたらされた慰めであって、まだ知識になっていませんでした。知識は、ゴルゴタの秘儀をとおしてもたらされました。

私たちは、精神世界から下ってきた古代の霊的な教師たちを見上げます。現代人には逆説的に聞こえますが、「霊的存在として超感覚的世界に生きていた教師たちは、人間が心魂を彼らに開いたときにのみ下ってきた。これらの人類の霊的な教師たちは神界に生きており、教師として人間界に下るのだが、人間の運命には関与しない。彼らは死の秘儀については知らない」と、言わねばなりません。

太古の人間は高次の世界から、誕生の秘儀に関する教えを受け取りましたが、死の秘儀を扱う教えは受け取りませんでした。このこと自体が、一つの重要な秘儀です。

誕生した心魂から、人間は生命の秘儀を体験しました。最初のキリスト教的秘儀参入者たちはゴルゴタの秘儀を眺めることによって、古代の密儀の叡智が語れなかったものを知りました。「私に叡智を授ける高次世界には、死についての知識がない」ということを、彼らは知るのです。天上の存在たちは、まだ人間の運命すなわち死を体験していなかったからです。これらの霊的・神的な教師たちは、誕生については知っていましたが、死については知りませんでした。

神にはない運命をとおして思考は変化し、人間は怖れをもって生きねばならなくなりました。そして、身体の死と同時に、心魂の死を体験するようになりました。

神々の領域で、「一柱の神が地上に下って死を通過し、その死の体験を神々の叡智のなかに受け取る」という決定がなされました。その体験は、ゴルゴタの秘儀をインテュイション的に観照することをとおして、明らかになります。ゴルゴタの秘儀をとおして、なにかが人間のために生じただけではありません。神々のために、なにかが起こったのです。

神々はかつては、誕生の秘儀についてのみ語ることができました。神々みずからが地球のなかに入れた力が大きくなりすぎ、死が心魂に襲いかかるのを、神々は見ました。神々はキリストを地上に派遣しました。

こうして、一柱の神が人間の死を体験し、自らの神的な力によって人間の死に打ち勝ちました。これは神のことがらです。神々が自らの運命のために、ゴルゴタの秘儀を、神的な出来事として生じさせたのです。

以前は、あらゆることが霊的・神的世界のなかで生じました。いま、一柱の神が地に下り、超感覚的な出来事が地上的な形で遂行されました。ゴルゴタの丘で行なわれたのは、霊的な出来事を地上に移したものでした。人間が現代の人智学的精神科学をとおしてキリスト教について知るものは重要なことがらです。

まなざしをゴルゴタの秘儀に向けると、いかに神的なものが地球の進化に関与するかを見ることができます。神々が地球の運命のために行なったものを見ることができます。そうして、神々が着手・関与するものを見ます。人間は地上で活動することによって、地球と人間に関することを学びます。そうしているかぎり、強い個我を克服するに足る力を人間は持ちません。

しかし、ゴルゴタの秘儀の理解・把握へと向かうと、超地上的なものにいたります。それは、もはや地上の悟性では把握されません。それを把握するためには、地上的なものを越える悟性が必要です。秘儀参入学をとおしてのみ、私たちは地球で遂行されたゴルゴタの出来事を理解できます。宇宙的であると同時に地上的なものとして、私たちはゴルゴタの出来事を理解できます。そうすることをとおして、人間は自分のなかに、認識の強い力を引き起こします。

その認識の力に導かれて、「通常の地上的・人間的な力をとおして、地球が私の個我に与えるものを、私はすべて受け取る。私はゴルゴタの秘儀を見る。私を地球から引き上げるもの、私のなかに生命を点火するものを、私は受け取る。そうでなかったら、生命は点火されていなかっただろう。私はゴルゴタの秘儀への接近をとおして、超感覚的なものを受け取る。人類は新しい方法で、超感覚的・内的な感情と認識を持たねばならない。私は死んだ思考を、意識的に超感覚的存在のなかに導入するのだ」と、人間は思います。それに対して古い方法では、人々はまだ生きた思考を感じていました。

「私ではなく、私のなかのキリストが現実に、ゴルゴタの秘儀ののち、私を生かすのだ」と言うことができます。

人間がそのように言うことができるよう、現代の秘儀参入学、現代の人智学はいきいきとした刺激を与えようとします。私たちは現代の秘儀参入学をとおして、この刺激を得ます。古代からやってきたものから意識的に離れることによって、反宗教的ないとなみではなく、深化された宗教的ないとなみが現代の秘儀参入学から現われるのを、私たちは見ます。人間はゴルゴタの秘儀を精神科学的に認識することをとおして、今日の宗教のいとなみのなかに根深く含まれている疑念すべてを乗り越えます。

外的な科学は確かに私たちを自由な人間にし、一方では大きな外的勝利をもたらしましたが、他方では宗教的な感覚と自らの超感覚的本質に関する疑いが人間の心をつかみました。外的な科学をとおして人間の心魂のなかに入ってきた大きな疑いを、人間の心魂・本質から掃き去ることを、人智学は課題とします。外的な科学が克服できなかったものを、人智学は科学精神によって克服するからです。

人智学は人間の心魂のなかに、本当に宗教的な生命をふたたび植え付けることができます。人智学は、宗教的感覚の抹殺に寄与するものではありません。人間があらゆるものに対する宗教的感覚をふたたび得ることを、人智学は可能にします。人間はゴルゴタの秘儀への接近をとおして、キリスト教の新しい理解に到達できます。ゴルゴタの秘儀は、人智学をとおして初めて正しく理解可能になります。

人間は古い宗教的感覚の再興をとおしてのみではなく、認識をとおして新しい宗教的感覚を得ます。ですから、「人智学は宗派的な目的を持っていない」と、言うことができます。人智学は教派を作ろうとしているのではありません。人智学はすでに存在している諸宗教に仕えるものであろうとしています。この意味で、人智学はキリスト教を蘇生させようとします。

人智学は古い宗教的感覚を守ろうとするためのものであるだけではなく、宗教的生命の復活に寄与しようとします。宗教的生命は近代文明によって、ひどく害されました。そのために人智学は、古い宗教感覚の蘇生だけでなく、人類の内的な宗教感覚を復活させようとするのです。

01
【ゴルゴタの秘儀】
キリスト教の出発点となった行為。人智学（アントロポゾフィー）では神的創造言語であるロゴスと地球の結合と見る。ルシファーによる堕罪の均衡をとる行為で、キリストが十字架の刑に処せられ、キリストの血がゴルゴタの丘に流れた瞬間、地球のオーラは変化し、地球は宇宙に向けて輝きを発し始めた。ゴルゴタの秘儀以来キリストが地球の霊である。人智学の理解はこの秘儀の理解にかかっている。

02
【神存在キリスト】
キリスト教のメシア。神の子。人智学では毘首羯磨、アフラ・マズダ、オシリスと同一存在。インドの聖仙やゾロアスターはキリストをデュナメイスの上で支配する叡智、太陽のキュリオテテスと見た。キリストは自らの霊体を太陽に残し、生命的精神を地球の大気に結び付け、霊我が人間の心臓に入った。

03
【ナザレのイエス】
紀元前一世紀に生まれたとされるキリスト教の開祖。三〇歳の時にロゴスを受肉した存在。歴史学等では、歴史上の人間としてのイエスを指す場合、「ナザレのイエス」と呼ぶことがある。ユダヤ教徒の男性であり、洗礼者ヨハネの教団との深い関わりがあった。（シュタイナー『ルカ福音書講義』における二人のイエスを参照のこと）

04
【秘儀参入学つまり人智学】
秘儀参入とは、心魂の中にまどろむ力を発展させ、高次の体の中に霊視器官を形成する行為であり、秘儀参入学つまり人智学とは、シュタイナーによる精神科学を指し、聖杯探求の道でもある。シュタイナーによると、人間存在の中の精神を宇宙の精神へと導く道、もしくは人間の中の高次の自己が生み出した叡智。人間であることの意識。

ゲラルト・ヴァーグナー「Das Lamm」（神の小羊）1955

ゲラルト・ヴァーグナー 「Hert」（キリストの心臓） 1949

キリスト精神は宗教を超える

この講義では、精神生活の観点から意味深く考察されるテーマを扱います。精神科学的な観照に取り組んでいる者が、ほかの精神の方向に対してどのような位置を取ることができるか、今日の人類の進化、そもそも今日の問題にどう振る舞えるかについて、いくつかのことを述べることができるでしょう[05]。アトランティス後の文化期における、宗教的理念の進化について、大枠をみなさんに語りたいと思います。

その際、「宗教という概念は、アトランティス後の時代にのみ意味を有する」ということを思い出しましょう。アトランティスの大洪水のまえには、そもそも宗教というものはありませんでした。

宗教は、人間が超感覚的世界を直接的に知覚・観照できない、ということを前提にしています。少なくとも、人間の大部分が超感覚的世界を知覚できない、ということを前提にしています。人々の大部分が超感覚的なものを知覚できないときに、人間を超感覚的なものに結び付けるのが宗教です。何千年にもわたって、人々は超感覚的なものを直接知覚できず、預言者・見者・賢人・密儀などをとおして、さまざまな方法で超感覚的なものが伝えられてきただけです。

アトランティスの大洪水のまえ、私たちの祖先の大部分がアトランティス大陸に住んでいたころ、人々はすべて、多かれ少なかれ超感覚的なものを直接的に経験・知覚していました。人間が神霊世界のなかに生きていた時代には、今日の人間が感覚世界を経験するように、いつでも神霊世界を経験できました。そのころは、宗教は必要ではありませんでした。

アトランティス時代の終わりごろ、多くの人々から超感覚的な経験が消え去りました。その代わりに、人類が今日有している感覚経験が現われました。アトランティス時代から、何が残ったのでしょうか。

太古に戻り、伝説や神話を研究してみましょう。ゲルマンの神々の教えを自分に作用させると、超感覚的世界からの伝達がイメージの形で見出されます。これらの伝達は、民衆の空想から考え出されたイメージ、擬人化だと信じるのは机上の空論です。これらの伝達は、人間が自分の経験するものをまだ知っていた古代に由来する記憶です。ヴォータン[06]、トール[07]などは、そのような思い出です。

アトランティス後の時代まで人間に残ったものは、一種の「思い出の宗教」です。「思い出の宗教」が最も発展したのは、南アジアの人々、インドの人々においてでした。「思い出の宗教」は別の形で、ヨーロッパに広まりました。

インドでは、人類がまだ神霊世界を知覚できた時代の記憶が、神霊世界への憧憬となりました。人々は現実を幻想＝マーヤーだと感じました。そして、太古に戻りたいと思いました。超感覚的世界に入っていく能力を個々人にもたらすものを、ヨーガ（瑜伽）と名付けました。

すべての民族が、ヨーガへと飛躍できたほど進歩したのではありません。ほかの民族は、思い出だけで満足しなくてはなりませんでした。特に、北欧民族がそうでした。北欧の秘儀参入者たちも、神霊世界のなかに突き進んで、神界で直接的な経験をしました。しかし、北方の性質上、多くの人々が神界に突き進むのは困難でした。そうして、北欧神話が作られたのです。

人々がアトランティス時代後に共通に保ったものが一つあります。それは、アトランティス時代に存在した強大な記憶力の余韻です。当時は、記憶が今日とはまったく異なっていました。人々は、遠い祖先の人生のことまで覚えていました。何百年もまえに祖先が行なったことを、彼らは記憶していました。ちょうど、今日の老人が自分の青年期のことを覚えているのと同じです。

そのような祖先の記憶が、「先祖宗教」「祖先崇拝」と名付けられるもののなかに刻印されています。祖先崇拝・先祖崇拝が、本当に最初の宗教でした。記憶がいきいきと保たれていました。記憶は非常に活発で、個々人はヨーガへと飛躍できずとも、霊的な状態に入っていくことができました。夢のなか、あるいは心魂のなかに、民族共通の祖先が現われたのです。一個の古い家系がみなに共通の祖先であるとするのは、単なる伝説・神話ではありません。祖先はいつの時代にも人々に現われ、民族に付き添いました。ヨーロッパの個々の部族は、多様な経験を有していました。しかし、一つの体験が多くの人々に、いきいきと保たれました。

それを彼らは、彼らを信頼する者たち、彼らを信じる者たちに、「祖先が現われた。祖先は神霊領域から私たちに助言を与える。祖先は私たちと関係を持っている。祖先は特に重要なときに現われる。心もとないときに、祖先が現われる」と、語りました。先祖の身体的特徴を受け継いでいることをとおして、祖先崇拝はいきいきとしたものでした。

この祖先崇拝はだんだんと、一種の宗教体系に形成されていきました。その体系は、たしかに秘儀参入者によって作り上げられたのですが、秘儀に参入していない人たちにも受け入れることのできるものでした。さまざまな地域に、このような宗教体系が現われました。たとえば、インドの[08]バラモン教がそうです。その最後の余韻を、私たちは[09]ヴェーダーンタ哲学のなかに見出します。最古の哲学体系のなかにも、この太古の多神教の余韻が見出されます。

バラモン教のなかにあるのは、一種の秘教的な多神教でした。それはエジプト人の世界観のなかにも、ヘブライ人のなかにも現われました。すべてを貫いて流れる神的存在についての包括的な理念が次第に形成されることによって、この宗教体系は発生した、と私たちは表象できます。先祖は世界の霊的基盤と合生して、一種の霊的な根源力になりました。

擬人観と名付けることのできるもののなかに、秘教的多神教が特別に形成されています。さまざまな神々が人間に似たイメージで表象されています。たとえば、ギリシアの宗教体系がこれに属します。

学識あるギリシア人にとって、個々の神々の背後に統一的な神霊世界が支配していなかったと考えたら、まったく誤って表象していることになります。天使・大天使、人間を超えたさまざまな神霊存在について、私たちは宇宙進化との関連で語ります。当時、ゼウス、アテネ（アテナ）などについて、普遍的な宇宙神霊との比較において語られたのと同じです。この体系の基盤には、統一的な宇宙思考があります。多神教は、万物の霊的な底層をなすものなのです。こうして神々は、人間として形作られました。

「抽象的・秘教的な多神教が、多様な形態のギリシアの神々の世界へと移行した背景には、どういう関連があるのか」と、問いましょう。この移行のなかに私たちは、人類の深い基本要求を認識しなくてはなりません。

私たちがエジプトからギリシアへの移行を考察すると、この原理が存分に発揮されているのが、非常に美しく目に映ります。ギリシア時代以前の表象全体のなかに、特別力強い象徴が存在します。エジプトのピラミッドとスフィンクスは、人間精神の壮大で力強い創造物です。それらはいくらか抽象的な形で、神霊的な根底を示唆しています。

精神的なものをイメージ形態に刻印する能力を、ギリシアの人々はどのように示したでしょうか。そこには非常に大きな進歩があります。その進歩は、いたるところに見られます。

東洋建築からギリシア建築への移行をたどり、建築思想を把握すると、この移行が最も純粋に表現されているのを見出せます。建築思想は人類進化全体において、[10]ギリシア建築において最も見事に表現されました。ギリシア建築におけるように、思想が残りなく流出した例は、ほかに見出せません。すべてが偉大な宇宙の法則に相応するように、空間中に据えられています。

建築思想は人類進化において、もう一度形成されました。[11]ゴシック建築の思想です。ゴシックの建築思想をギリシアの建築思想と対比させると、「ゴシックにおいては、私たちはもはや純粋な建築を取り扱うのではない。感情のなかに突入した神秘的要素の刻印が、暗示的に形態のなかに存在している。ゴシックは、この思想を残りなく刻印してはいない。それに対して、ギリシア神殿は神の住処だ。そのようなものとして理解しなくてはならない」と、言わねばなりません。

神が空間内で創造する、と考えましょう。神の力は空間をとうとうと流れます。神が自ら身体を形成し、衣を織ると、それがギリシア神殿です。

ギリシア神殿のまえに立つと、「これは神の住処だ」ということを私たちは知ります。ゴシック聖堂は、そうではありません。ゴシック聖堂は礼拝堂です。参詣人が中にいないゴシック聖堂というものは考えられません。参詣人のために、ゴシック聖堂は印象深く建てられています。

ギリシア神殿は神殿自体のために建てられ、神によって活気を与えられます。ギリシア神殿を象徴的に把握・解釈してはなりません。ゴシック聖堂には、敬虔な信者が属しています。

空間は空虚ではなく、さまざまな力に貫かれていると理解している人、空間のなかに諸力が結晶していると知っている人、その力を感じる人は、宇宙の力動的な力がギリシア神殿のなかで結晶したと感じます。これらの力の存在を知覚できるほど強い感情を持っている人は、空間を諸力が貫いていることを知っています。

ギリシア建築と[12]ロマネスク様式の建築を比較すると、いかに思考・感情・意志が具体的になったか、よく納得できます。ギリシア建築においては、たとえば柱は、空間内で支えという課題を持つものとして際立っています。ロマネスク様式の建築も偉大ですが、とくに柱が装飾的になりすぎており、深い動機がありません。動機への感覚が欠けており、空間感覚が欠けています。柱はあっても、目的を果たしていません。これらすべては、人間精神の発展段階に関連しています。

擬人観をとおして、人類は神人を理解する準備をしました。人間自身のなかに棲む神を理解する準備をしたのです。これがキリスト教・神秘学によって疑神観と言われるものです。

キリスト教において、あらゆる神々の形姿が、キリストたるイエスという一個の生命的形姿に合流しました。そのためには、人類の大きな、力強い深化が必要でした。その深化によって、人類はギリシア彫刻に表現されているような、いきいきとした空間形態を考えるだけでなく、内面の現われを見る思考へと飛翔することが可能になりました。永遠が一個の歴史的形姿のなかで、本当に地上で、空間・時間のなかに生きたという信仰へと飛翔することが可能になりました。これがキリスト教の本質です。この理念は、人類が地上でなしうる最大の進歩を意味しました。

神の住処であるギリシア神殿と、のちのキリスト教会とを比較するだけで十分です。キリスト教会の特徴は、ゴシックにおいて最も純粋に現われています。永遠を時間・空間のなかで表示しようとするなら、外的な形態に後退が生じざるをえないのが、私たちには分かります。内面を外面において表現することをとおして後世の芸術が達成したものは、キリスト教的な精神の流れの印象下にあります。人間の心魂全体が、空間を流れる外的な力と繋がることができたころに、建築は最も美しいものになったということを理解できる、と言わねばなりません。

このように、宗教的思考はアトランティス後の時代にますます深まり、人々は超感覚的なものへの示唆を求めました。ここで述べたことは、人間が外的な形態のなかに進入し、外的な形態のなかに超感覚的なものを込めたことを示しています。芸術の本源は、そこを目指しています。

私たちはキリスト教とともに現代を達成しました。アトランティス後の時代の進化について語ったさまざまなことがらとの関連において、いま述べたことから、人類の歩みは常に内面化に向けての努力であることを、みなさんは認識なさるでしょう。さまざまな人種において、内面化の意識が常に大きくなっています。

ギリシアの神々の像において、人間のなかに内的に生きるものが外的な世界のなかに流れ出ているのを、私たちは見ます。この方向への最も重要な衝動が、キリスト教において与えられました。キリスト教のなかに、学問と名付けられているものが到来するのを、私たちは見ます。今日のように、存在の根底を把握するのは、カルデア時代に始まったことです。現在私たちは、人類進化における本当に大きな転換期に生きています。

私たちが素描的に考察したことを概観して、「なぜ、すべてはそのように経過したのか。なぜ人間は、内面を外的なものに刻印するまでに進化したのか」と問うなら、「身体組織の進化をとおして、人間はそこまで到った」という答えが出てきます。

太古のアトランティス人が超感覚的世界を知覚できたのは、彼らのエーテル体（生命的身体・形成力体）がまだ完全に物質的身体のなかに入り込んでいなかったからです。エーテル体の頭部は、物質的身体の頭部をまだ覆っていませんでした。エーテル体が物質的身体に完全に浸透することによって、人間が外界に出ていく土台が与えられました。

超感覚的世界の扉が閉じられたとき、人間は修行を積むことによって、感覚界と超感覚的世界とを結び付けることが必要になりました。アトランティス時代には、そのような必要がありませんでした。当時は、直接的な経験から、超感覚的世界を知ることができたからです。

神々と霊たちについての知覚が失われたとき、神々と霊たちについて語ることが人間に必要になりました。植物を見たことのない人にだけ、植物について語らねばならないのと同じです。これが、アトランティス後の時代の宗教の発展の理由です。

なぜキリストのような超感覚的な種類の存在が、有限の個人、イエスのなかに現われて地上を歩んだのでしょうか。なぜ人々のまなざしは、この存在に縛り付けられねばならなかったのでしょう。なぜキリストは、歴史上の人物にならねばならなかったのでしょう。

人間はもはや超感覚的世界を見ることができなかった、と私は言いました。神が人々に体験されるためには、何が起こらねばならなかったでしょう。神は物質的にならねばならなかったのです。神は感覚的・物質的な身体のなかに受肉しなくてはなりませんでした。人間が霊的なものを知覚することができ、超感覚的に神々を知覚・体験できたあいだは、神が人間になる必要はなかったでしょう。しかし、いまや神は、感覚界のなかに存在しなくてはなりませんでした。この感情から流れ出る、使徒ヨハネの言葉は事実を裏付けます。

「太初より有りしところのもの、我らが聞きしところ、目にて見しところ、つらつら見て手触りしところのもの、即ち生命の言葉につきて、我らの見しところ、聞きしところを汝らに告ぐ」

キリストたるイエスが出現したことが、アトランティス後の時代の人間の本性から明らかになるのです。なぜ人間がキリストを感覚的に知覚しなくてはならなかったのかを、私たちは認識します。疑いようのない歴史的事実が、人間のために存在しなくてはならなかったのです。精神的な自己が感覚的に存在しなくてはならなかったのです。こうして、人間が超感覚的世界と結び付くことのできる拠り所が与えられました。

単なる学問は、外界の崇敬・崇拝へと退化していきました。この点で、私たちは今日、頂点に達しています。キリスト教は、この感覚的なものへの熱中の強力な支えでした。

今日、キリスト教は神智学によって深化され、新たに理解された形で人々のまえに現われることができるようにならねばなりません。キリスト教の深みを理解するために、学問・叡智の超感覚的な深化が必要です。私たちはキリスト教を霊的・精神的に把握する必要に迫られているのです。

「神智学的キリスト教」あるいは「精神科学的キリスト教」が、将来の段階です。それに対して、物質に向かう科学は、超感覚的世界とのつながりをますます失っていくでしょう。

精神科学の課題は何でしょう。精神を探求する人間は、今日の通常の学問から何かを得ることができるでしょうか。今日の通常の科学はアトランティス後の進化の歩みを続け、ますます外的・物質的なものだけに向かっていき、精神世界との関連を失いました。学問が、以前の状態に戻ることは不可能です。以前には、いかに霊的な要素が豊富にあったことでしょう。

医学その他の領域で、霊的な関連がますます失われていったことが、いたるところに見られます。アトランティス時代後の歩みのなかで、超感覚的世界との関係はますます失われていきました。そのため、このような経過を辿らざるをえませんでした。

私たちは今日、学問の歩みを予言できます。いかなる試みがなされようと、精神的な深化は外的な学問には不可能です。技術の発展、外界支配の手段へと、外的な学問はますます移行していくでしょう。

ピュタゴラス[13]派の人々にとって、数学は高次の世界と関連するための手段、宇宙のハーモニーを洞見するための手段でした。現代人にとって数学は、技術をさらに形成して外界を支配するための手段です。外的な科学は世俗化し、非哲学化していくでしょう。

人間は自らの衝動を、精神的な進化から取り出さねばなりません。この精神的な進化が、精神的なキリスト教へと向かっていきます。精神科学は、どのような精神生活にも衝動を与えることができます。

科学はますます工業的なものになります。大学はますます専門学校のようになっていきます。それは正しいことです。精神的なものはすべて、科学から生じるにちがいない自由な人間の財産へと発展していきます。学問は、まったく別の姿、まったく別の形でふたたび現われるでしょう。超感覚的世界をふたたび、さまざまな形で経験することが、現代人には必要です。そうならなかったら、どうなるでしょう。そのことを考えれば、超感覚的世界の体験が必要なことが分かります。

エーテル体の頭部が人体のなかに入り込みました。エーテル体と物質的身体との結合は今日、頂点に達しています。ですから、超感覚的な経験のできる人間は、かつてないほど少なくなっています。

しかし、人類の進化の歩みは前進します。おのずと、エーテル体がふたたび物質的身体から出て行くのです。その経過は、すでにいま始まっています。エーテル体はふたたび物質的身体から出て行き、独立し、自由になります。将来、エーテル体はかつてのように、物質的身体の外にあるようになるでしょう。エーテル体は、ふたたび緩みます。その経過は、もう始まっています。

人間は、かつて物質的身体において体験したもの、特にゴルゴタにおける物質的・地上的な出来事を、外に出るエーテル体において体験しなくてはなりません。そうしないと、人間は何かを失い、取り戻すことができません。「エーテル体が、本質的なものを伴わずに出て行き、人間はエーテル体のなかに空虚にとどまる」という事態になります。しかし、精神的なキリスト教を体験した人は、かつて物質的身体において経験したものを、エーテル体のなかに豊かに有するでしょう。

科学の誘惑によって精神的な真理を避けた人々が、最も大きな危険に遭遇します。エーテル体は、すでに物質的身体から出はじめています。そのしるしが、今日の神経質です。エーテル体が、物質的身体における最大の出来事をたずさえていかないと、神経質はますます増えていくでしょう。しかし、それまでには、まだ時間がたっぷりあります。大多数の人々の場合、エーテル体が出ていくには、まだ長い時間がかかります。しかし、少数の人々には、すでにこの経過が始まっています。

物質界における最大の出来事を体験したことがなく、キリスト教の深みを自分のエーテル体に摂取したことのない人がいたら、その人は霊的な死に直面していることになります。エーテル体が空虚だと、その結果、霊的な死に到るからです。

アトランティスの明視的な人間は、宗教を必要としませんでした。その人にとって、超感覚的な体験は事実だったからです。そのような時代から、人間は進化していきました。それから、神霊世界の観照が消え去りました。「レリゲレ」は「結び付ける」という意味です。「レリジョン」は、感覚的なものと超感覚的なものとの結び付きです。唯物論の到来が、宗教を必要としたのです。

しかし、人間がふたたび超感覚的世界を体験する時代がやってくるでしょう。そうすると、もはや宗教は必要ではなくなります。新しい観照は、霊的なキリスト精神をもたらします。霊的なキリスト精神が、キリスト教の帰結でしょう。それが、「キリスト精神は宗教として始まったが、あらゆる宗教よりも偉大である」という重要な文章の根拠です。

キリスト精神が与えるものは、未来へと継続していくでしょう。それは、もはや宗教がなくなるときも、人類の最も重要な衝動の一つであることでしょう。人間が宗教生活を克服したときにも、キリスト精神は残るでしょう。

キリスト教が最初は宗教であったのは、人類の進化に関わることです。しかし、キリスト教という世界観は、あらゆる宗教よりも偉大なものです。

05
【アトランティス後】
ポストアトランティス時代。第五根幹時代（BC. 7227—AD. 7893）。インド文化期、ペルシア文化期、エジプト—カルデア文化期、ギリシア—ラテン文化期、現在の第五文化期＝ゲルマン文化期（1413—3573）、第六文化期＝ロシア文化期、第七文化期＝アメリカ文化期からなる。

06
【ヴォータン】
北欧神話の主神。戦争と死を司り、魔術の達人とされている。

07
【トール】
北欧神話における雷、農耕などを司る主要な神の一柱。

08
【バラモン教】
婆羅門教、ブラフマン教。古代インドの民族宗教を指し、ヴェーダなどの聖典を持つ。

09
【ヴェーダーンタ哲学】
宗教儀礼の聖典ヴェーダとウパニシャッド（奥義書）による宗教哲学。古代インドの聖仙たちに神が授けたといわれる。

10
【ギリシア建築】
古代ギリシア人によって確立された建築様式。神殿建築は最も完成度が高い。

11
【ゴシック建築】
一二世紀後半から発展したフランスを発祥とする建築様式。ロマネスク様式の発展の結果として興ったが、多くの点で対照的な様式。都市の宮廷や共同体による発注が多く華麗なものが多い。ステンドグラスが多用された。

12
【ロマネスク様式】
一〇世紀末から一二世紀にかけて西ヨーロッパ各地で発展した建築と美術の様式。主にキリスト教会の聖堂や施設に見出せる。ローマ風のという意味だが、ケルト・ゲルマンの要素も基盤にある。

13
【ピュタゴラス派】
ピュタゴラス教団、ピュタゴラス学派。古代ギリシアにおいて哲学者ピュタゴラスによって創設されたとされる一種の宗教結社。南イタリアに本拠を置き、数学・音楽・哲学の研究を重んじた。前五世紀ごろに隆盛。

グノーシス

人智学《アントロポゾフィー》的な方向の精神科学が語ることを受け入れる現代の心魂は、人智学から現われる多くの矛盾を、心情のなかで一掃する必要があります。特に、聖夜から新年までの祝祭を真面目に受け取ると、心魂は矛盾を感じます。私たち自身の精神的発達を正しく理解するために、私たちは認識を得ようと試みています。その認識によって、私たちが人類の精神的な歩みのなかに入り込もうと欲していることが、そのような祝祭の記憶をとおして特に明らかになります。ある思考内容を取り上げてみましょう。そうすると、人間と宇宙進化に関する人智学の認識を正しく受け取ろうとするとき、多くの矛盾・困難が心魂のまえに積み重なってきます。

人智学を深めることをとおして、私たちは多くの認識を得ようとしています。そのなかにはキリスト認識、西暦紀元の始めに突入した根本的な意義を有する衝動、私たちがキリスト衝動と名付けた衝動もあります。たしかに私たちは、「どうして、人智学的認識を深めることによって、ゴルゴタの秘儀が生じた時代よりも集中的に宇宙進化の歩みのなかに入っていって、キリスト衝動を理解できると期待できるのか」と、しばしば疑問に思うにちがいありません。

「私たちの時代は、ゴルゴタの秘儀から遠く離れている。ゴルゴタの秘儀当時に生きた人々のほうが、この秘儀に結び付いた秘密のなかに入っていくのが、ずっと容易ではないのか」と、問うことができるかもしれません。人智学的にキリストを理解しようとする現代の心魂にとって、この問いは重荷になります。私たちが人智学的な認識の原理を真面目に受け取ると、この矛盾は重苦しく作用するにちがいありません。西暦紀元の始めにおける人類の精神状況全体を私たちが心魂に思い浮かべると、この矛盾は解かれます。

なんらかの宗教的感情に浸透されることなく、西暦紀元の始めに生きた人々の心魂のなかに入り込もうと試みる者は、きわめて特異なことを発見できます。まず、つぎのような方法で、進入を試みることができます。外的なものだけに熱中する心魂にも否定できないもの、つまり歴史的な伝承に依拠して、精神生活を純粋に包括するものに迫ろうと試みるのです。そのように迫ることによって、人類進化の本来の衝動から、いくつかのことをつかみとれると期待できるからです。

西暦紀元の始まりの時期における思考のいとなみを把握してみましょう。純粋に歴史的に、世界の秘密、世界の謎に突き進むために、ゴルゴタの秘儀の二〇〇年前と、ゴルゴタの秘儀の一五〇年後に人間が深めた思考のなかに突き進もう、と試みましょう。そうすると、思考のいとなみに関して、人類の心魂のなかで無限に意味深い変化がゴルゴタの秘儀の前後で生じた、ということが見出されます。

私たちが考察している文化世界の大部分に、ギリシア哲学その他が数世紀前から人類にもたらした思考の深まりが広まっていったことに気づきます。当時の人類が外からの衝動を反射することなく、自らどこに到ったか、ストア主義[14]で「賢者」と呼ばれた人々がどこに到ったか、ローマ史上の人々がどこに到ったかを考察してみましょう。そうすると、「思考内容の獲得、理念の獲得に関して西洋は、西暦紀元の始まり以後、多くのものをもたらしていない」と言わなくてはなりません。

西洋は非常に多くのことを、自然事象の研究に関して成し遂げました。外界に関する思考の大革命がなされました。しかし、これらの成果をもたらした思考・理念そのもの、事物の外的・空間的な秘密のなかに突き進もうとした思考・理念そのものは、西暦紀元の始まり以後、わずかしか発展していません。

現代が誇っている思考内容、進化の思考内容も、すべて当時の人々の心魂のなかに生きていました。思考による世界の把握、理念的ないとなみは、ある高み・頂点に達していました。それ以前のソクラテスの弟子たちのように、思考による世界の把握は個々の人物によってなされたのではなく、ある意味でポピュラーになって、南欧その他の地域に広がっていました。とらわれなく哲学の歴史を考察しようとするなら、当時思考が勝利したということを特に考慮することになるでしょう。

一方では思考が勝利し、理念世界が無限に意味深く完成されました。他方に、ゴルゴタの出来事に集結する秘密が、心魂のまえに現われます。そうすると、私たちはさらに別のものに気づきます。ゴルゴタの秘密の知らせが広まったとき、この秘儀と思考とのあいだですさまじい戦いが行なわれたことに気づきます。

当時の哲学、特に非常に深いものになったグノーシス[15]哲学が、人々の理念すべてをこの目的に向けようと努力したのを、私たちはまのあたりにします。ゴルゴタの秘儀と人間の思考との格闘を自分に作用させてみると、この格闘は根本的に無駄であったことが明らかになります。人類が到達した思考が非常に深化し、ゴルゴタの秘儀を把握しようとあらゆる労苦がなされたものの、それらの労苦が十分ではなかったことが明らかになります。いわばゴルゴタの秘儀は、人間の理解に接近しただけで、覆いを取ろうとはしませんでした。

この連続講義でゴルゴタの秘儀について語るとき、ゴルゴタの秘儀という表現のなかに、私はなんらかの宗教的な伝承・信念を混ぜたくないということを、前以て注意しておきたいと思います。人類進化の基盤にある客観的な事実の世界、物質的・霊的な観察が示すものを純粋に受け取るべきです。ゴルゴタの秘儀についての教え、個々の宗教的信条に存在するものすべてを度外視して考察したいと思います。そして、人類進化のなかで生起したことのみに、まなざしを向けたく思います。

さて、私は多くのことを、先取りして語ることになるでしょう。それらのことは、これから順次、証明されていくでしょう。

ゴルゴタの秘儀の秘密と、当時の非常な思考の深まりとの対峙において第一に注意を引かれるのは、「思考の発達が到達できるものの遥か彼方に、この秘儀の本質はある」という印象を私たちが受け取ることです。

そのような対峙のなかに正確に入っていくと、「一面では、西暦紀元の始まりの特徴を示す思考世界のなかに心魂は深まっていける。心魂の状態はどのようであったか、ローマ帝国やギリシアで人々が何を考えたかを、心魂のなかでいきいきと思い描くことができる」と、思われるにちがいありません。当時の人々が考えた理念を、自分の心魂のまえに再び呼び出すことができます。そうすると、「そのとき、以前にはなかった深化を思考は体験した」という感情が得られます。なにかが思考に生じました。思考が人間の心魂に近寄ってきました。それは以前にはなかったことです。

明視的な心魂状態をもって、この思考の深化、そして当時の思考世界の生命化を自分の心魂のまえに据え、それを自分のなかでいきいきとさせてみましょう。明視的な心魂状態によって提供されるものを自分の心魂のなかに担い、心魂のなかで活動させると、突然、思いがけないものが現われてきます。「神霊世界の遥か彼方で生起するものの作用が、この思考の深化なのだ」と、感じられるのです。

私たちの世界の背後に別の諸世界が存在するということに、私たちは注意を向けてきました。慣用的な表現を用いれば、「アストラル界・デーヴァ界・高次デーヴァ界」です。この三つの世界が私たちの世界の背後にあるということを思い出しましょう。明視的な心魂状態を本当に自分のなかで活発にすると、「最も近い世界、アストラル界（心魂界）に歩み入っても、当時、思考世界のなかで表現されたものの根源は、完全には解明されない。低次神界《デーヴァ》を見ても、当時生じたことは完全には解明されない」という印象を、人間は受けます。高次神界のなかに自分の心魂を移すことができれば、そのなかで、アストラル界と低次神界をとおして輝いてくるもの、物質界のなかまで下るものを体験できます。何百年かをとおして人類の思考世界を根本的に改造することによって物質界のなかで認識されるものを体験できます。

人はまず物質界に身を置いて、物質界を考察できるだけです。当時の理念界に沈潜するあいだ、ゴルゴタの秘儀について述べ伝えられたことに気づく必要はまったくありません。最初は、このことを気にせずに、「パレスティナで起こったこと、外的な歴史が私たちに示すものは、どうでもよい」と、考えてみます。

さて、考察の結果、ギリシアとローマで思考の無限の深化が行なわれたことが分かります。ギリシアとローマの思考世界に私たちの心魂体験を限定し、外で起こったことすべてから切り離して考えてみましょう。この世界にはゴルゴタの秘儀の知らせがまだ届いていない、と考えてみましょう。私たちの心魂をこの世界に向けると、私たちが今日ゴルゴタの秘儀について探り出すものは、たしかに何も見出されません。

しかし私たちは、思考世界の無限の深化を見出します。その深化は、「ここで、心魂の最も内的な本質を物質界でつかんだものが、人類進化の経過のなかで生じた」と、私たちに示します。そのような思考内容は、それまで、いかなる民族、いかなる時代にもありませんでした。ゴルゴタの秘儀を信じようとしない者、ゴルゴタの秘儀について何も知ろうとしない者も、「いま私たちが取り上げた地域のなかで、以前にはなかった思考の深化がなされた」ということだけは認めるにちがいありません。

この思考世界のなかに身を置き、明視的な心魂の状態を獲得すると、自分が思考の特性のなかに入ったように感じます。この思考は、プラトンその他において理念として花咲いたものです。この思考は、私たちが限定しようとした世界のなかに移って行きました。この思考は心魂を自由にするものであり、自己を越えた高次の観照へと心魂をもたらすものです。

ですから、「おまえが外界および神霊世界のなかで把握できるものは、おまえをこれらの世界に依存させる。おまえは思考のなかで、おまえのなかに生きているもの、おまえが洞察できるものを把握する。おまえは外的な物質世界から退きたい、と思うかもしれない。神霊世界を信じない者になるかもしれない。明視的印象について何も知ろうとしないかもしれない。物質的な印象をなにも自分のなかに入ってこさせまいとするかもしれない。そのような思考をもって、おまえは自分のなかに生きることができる。おまえは自らの本質を、おまえの思考のなかで把握するのだ」と、心魂は言うことができます。

このことを人は洞察できます。しかし、思考は孤立している、という感情が現われます。思考は思考に過ぎない、という感情が現われます。まず思考は心魂のなかにのみ生き、私たち自身の根底を見出すことのできる世界へと歩み出る力を自分のなかに見出すことができない、という感情が現われます。明視的な心魂の状態で思考の海のなかにおもむくと、このように感じます。思考の壮麗さを感じることによって、人間は自分の非現実的な本質も感じます。そうすると、明視的なまなざしに映った世界のなかで、根本的にこの思考を担うことのできるものは何もない、と感じます。

「そもそも、この思考はなぜ存在すべきだったのか」と、人は問います。この思考は本来、物質世界を偽造できるだけです。思考本来の本質を認めることのできない純粋な唯物論者であろうとする者は、思考を禁じるべきでしょう。もしも物質世界が唯一現実のものなら、思考は物質世界を歪曲するだけだからです。唯物論者は首尾一貫していないので、「思考をやめる。もはや考えない」という唯一可能な唯物論の認識、唯一可能な一元論の認識に到りません。

しかし、明視的な心魂の状態で思考のいとなみのなかに沈潜する人は、思考の孤立という威嚇に直面します。その人には、ただ一つのものしか与えられません。はるかに霊的に隔たっているように見えても、それが接近してきます。思考のいとなみのなかに存在するものの本来の源泉は、二つの世界によって分離され、第三の世界のなかに存在します。自分の思考が孤立して時間のなかに移され、その時間のなかで思考が深まりを経験するのは、明視的に感受する心魂に大きな印象を与えることでしょう。

周囲のものすべてを度外視し、ゴルゴタの秘儀も度外視し、私たちが今なお摂取している思考内容の源泉が、いかにギリシア・ローマ世界において出現したかに目を向けましょう。

そうするとき、私たちは別世界にまなざしを向けるべきでしょう。そして神界を越えて、より高次の神霊世界に星が昇るのを感じるべきでしょう。その星から、古代ギリシア・ローマの思考世界のなかでも通用する力が輝きます。ついで、人間はこの地上で、まず現代の世界から離れ去ったように感じます。ギリシア・ローマ世界のなかに移されたように感じます。

ギリシア・ローマ世界から発する光は、当時のさまざまな地域に、ゴルゴタの秘儀以前に広がっていました。しかし、神霊世界の印象を自分に作用させるやいなや、神界をさらに越えて星が、神霊存在が現われます。「星」[16]というのは、象徴的な言い方です。

その神霊存在について、「思考の孤立のなかで私が体験するもの、西暦紀元の始まりにおけるような思考の深まりのなかで私が体験するものは、高次の神霊世界においてこの星から発する輝きの結果だ」と、思われます。

さて、最初に生じる感受は、ゴルゴタの秘儀の歴史的伝統について何も知りません。その感受は、「おまえはローマ・ギリシア世界の理念を身につけている。プラトンその他が人間一般に与えることのできるもの、彼らが心魂のなかに植え付けたものを身につけている。そして、おまえは待つ。無駄に待つのではない。霊的な生命の遥かな深みに、星が現われてくるからだ。その星は力を放射する。その星について、おまえは〝私が体験したのは、この力の光線の作用だ〟と言うことができる」と、表現されます。

そのような経験がなされます。このような経験をすると、人々はなんらかの伝統に拠らずに、とらわれなく、ギリシア・ローマ世界のなかで起こったものの原因を探求しました。しかし人々は、三つの世界によって、当時の世界の根拠の理解から切り離されているという経験もします。当時、この転換を自分流に理解しようと試みた人物たちに、人々は目を向けるかもしれません。現代の外的な科学は、西暦紀元の始まりという移行期に、宗教的・哲学的な天才たちが存在したということに思いいたります。

グノーシス思想に目を向けると、この宗教的・哲学的な天才たちが見出されます。グノーシスは、いろんなふうに知られています。外的には、非常にわずかしか知られていません。しかし、外的な文献によっても、グノーシスの無限の深みを感じることができます。私たちの考察にとって重要な範囲で、グノーシスについて語ろうと思います。

なによりも、「グノーシス主義者は、いま述べた〝当時の外的な世界で生じたことの原因を、無限に遥かな過去の世界のなかに探さねばならない〟ということを感じていた」と、言うことができます。この意識は、ほかのものに転換されました。私たちが表面にとどまらなければ、「パウロ神学」[17]と名付けることのできるもののなかに、その意識がほのかに輝いているのを見ることができます。

しかし、その他にも、さまざまな現象があります。今日では、当時のグノーシスに沈潜すると、大変に理解が困難でしょう。近年の唯物論的な進化が私たちの心魂のなかにもたらしたものに、私たちの心魂は感染し、病的に変化しています。

宇宙進化を逆にたどるとき、カント[18]・ラプラスの宇宙霧のように、純粋に物質的なものばかりを考えています。もっと精神的な世界観を探求する者も、最古の時代を振り返るとき、この宇宙霧や同様のものを考えます。最も精神的な人間でさえ、宇宙進化の発端に霊的なものを見出す必要がなくなると、たいへん気分よく感じます。現代の心魂は、宇宙の根拠を探求するときに、「精妙な外的実質が、当時存在した。そこから、物質と並んで霊的なものすべても発展した」と思えるなら、非常に気楽に感じます。宇宙の始まりを唯物論的に探究できると、慰めを感じる心魂がしばしば見出されます。宇宙の始まりに何らかの気体状の形姿があった、と抽象的に考えることができると、心魂は慰めを感じます。

ですから、グノーシスの思考内容に入っていくことは、人間にとって非常に困難なのです。グノーシスはまったく物質を想起させないものを、宇宙考察の発端に置くからです。ダーウィン説で立派に説明される世界が、本当は、この世界の根底が示すものとまったく関係しないと考えるよう、グノーシスは要求します。そのように要求されたら、現代の教養を身につけた人は冷笑を禁じえないでしょう。「どの宇宙存在に関しても、概念は宇宙の根底に到達しない。今日の宇宙理解によっては宇宙の根底に到達しない」と考えるように要求されると、現代の教養のなかで育った人間は、本当に嘲笑を禁じえないでしょう。

「神的な原初の父のなかに、宇宙の根底は存在する」。心魂が唯物論的な表象から離れて、自らの深みを探究するとき、原初の父のかたわらに、心魂が得ようと努めるものが、原初の父から発して、存在しはじめます。「沈黙、無限の沈黙。時間も空間もない沈黙」です。時間と空間が存在する以前の、宇宙の父と沈黙というペアを、グノーシス主義者は見上げました。

　原初の父と沈黙との結婚から他の諸世界、他の諸存在が出現しました。そして、これらから他のものが出現し、また、それらから他のものが出現します。そのようにして、三〇の段階を経ます。

　三〇段階目で、私たちの感覚のまえに横たわるもの、ダーウィンの学説によって見事に説明されるものが存在します。三〇段階目、本来なら三一段階目に、それは存在します。そのような三〇の存在、三〇の世界が、この世界に先行するからです。私たちの世界に先行する三〇の存在、三〇の世界は通常、「アイオン」[19]と表現されます。

「感覚が知覚するもの、自分の周囲の世界と名付けられているものだけが、三一番目の世界に属しているのではない。物質的な人間が自らの思考でこの世界を説明するとき、その説明も三一段階目に属すのだ」と明瞭に思うとき、アイオンの世界という表現によって意味されるものを表象できます。

「外界は、もちろんマーヤー（幻）である。しかし、私たちは思考によって神霊世界に突入する」と言い、この思考が本当に神霊世界に到達できるという希望を持つなら、精神的な世界観を了承することがまだ容易です。しかし、グノーシス主義者の見解では、そうではありませんでした。

　この思考は三一番目のアイオン、つまり物質界に属します。感覚的に知覚する人間だけでなく、思考する人間も三〇のアイオンの外に置かれました。精神的な進化をとおして、順番に高次のアイオンを見上げることができると、ますます完全な世界が現われてきます。

　今日の時代の頂点に立つ一元論者に、「三〇の世界が先行しており、それらの世界では、君の考えはまったく通用しない」と信じるように要求するなら、笑われるだけでしょう。しかし、それがグノーシス主義者たちの見解でした。

　そして彼らは、「この世界では、本来どうなのか」と、考えてみました。二〇世紀初頭の人間が、この世界について語ったことは、しばらく度外視しましょう。私がこれから述べることは、私たちを納得させる理念というわけではありません。もちろん、二〇世紀の人智学においても、このグノーシス思想は克服されます。しかし私たちは、このグノーシスのなかに身を置いてみましょう。周囲の世界は、なぜ三〇のアイオンによって閉じられていると考えられているのでしょう。

　最も下のアイオン、しかし、まだ純粋に霊的なアイオンを見なくてはならない、とグノーシス主義者は思いました。そこには何が存在しているのでしょう。そこには神的なソフィア、神的な叡智が存在します。霊的な仕方で、二九の段階をとおして派生した神的なソフィアは、神霊世界で最高のアイオン、一連の神霊存在・神霊世界を見上げます。

しかし、ある日、ある宇宙日に、ソフィアがアイオンの神霊世界を自由に見晴らそうと欲したときに、ソフィアは何かを自分から分離したということを知りました。自らのなかに存在した欲望を、ソフィアは切り離したのです。

この神的なソフィアのなかにはもはや存在しないものが、その後、空間世界のなかで迷い、空間世界を貫きます。それは感覚知覚のなかに生きているだけではありません。それは、人間の思考のなかにも生きています。神霊世界への憧れをもって、人間の思考のなかに生きています。しかし、人間の心魂のなかに投げ出された形で生きています。

別の面では、外側に投げられた神的ソフィアの似姿として、欲望が生きています。この欲望はあらゆるもののなかに投げ入れられており、宇宙を貫いています。アカモードです。「神霊世界のなかに飛翔せずに、おまえの世界のなかを見よ。そうすれば、欲望に満ちたアカモードの世界を見ることになる」。この世界は欲望に満ちているので、アイオンの世界への展望が、最初は示されません。

遥か[21]なアイオンの世界にありつつ、アイオンの純粋な精神性から、父なる神の息子と、純粋な聖霊が作り出された、とグノーシスでは考えました。神的なソフィアへと到ったのとは別の連なり、別の進化の連なりがアイオンのなかにあります。物質的な生命において、生殖の経過のなかで両性が分離するように、かつて、神霊世界の高位段階で、アイオンの発展のなかで、他の流れが分離しました。父に由来する息子なる霊の流れと聖霊の流れです。

アイオンの世界のなかに、一方には神的ソフィアに導いたもの、他方には息子なる霊と聖霊に導いたものがあるのです。アイオンの世界をとおって上っていくと、あるアイオンに出会います。そのアイオンから、一方で神的ソフィアに導かれる息子の系列が派生します。他方では、息子の系列から、神の息子と聖霊が派生します。そうして私たちは、父なる神と神的な沈黙に到ります。

人間の心魂がアカモードとともに物質世界のなかに置かれたことをとおして、心魂のなかに神霊世界への憧れが生まれました。心魂のなかには、なによりも神的ソフィア、神的な叡智への憧れが生きています。しかし心魂は、アカモードに満たされていることによって、神的ソフィアから分離されています。神的なアイオンの世界から分離しているという感情、神霊的なもののなかにいないという感情が生じます。グノーシス主義者の見解では、これが物質世界と感じられたのです。

そして、神霊世界に由来しつつも、アカモードに結び付いて、宇宙創造者、ギリシア語でデミウルゴス[22]が現われます。このデミウルゴス、宇宙創造者が、アカモードと物質に浸透されたものの本来の創造主・維持者なのです。デミウルゴスの世界に、人間の心魂は巻き込まれています。

人間の心魂はまず、神的ソフィアへの憧れを織り込まれます。そして、アイオンの世界のなか、はるか彼方に、神の息子と聖霊が現われます。アカモード、空間のなかをさまよう欲望を含んだものすべてを越えた者にのみ、神の息子と聖霊は現われます。

アカモードの世界に移された心魂のなかに、なぜ憧れが存在するのでしょう。なぜ心魂は、神霊世界から分離したのち、神霊世界への憧憬を感じるのでしょうか。この問いが、グノーシスのまえに横たわっていました。

「アカモードは神的叡智・神的ソフィアから投げ出された。しかし、アカモードが完全に、人間がいま生きている物質世界になるまえに、神の息子の光がアカモードをしばらく照らして、消え去った。しかし、その記憶が人間の心魂のなかに、いま生きている。人間の心魂は物質世界に巻き込まれることもある。〝私はアカモードの世界、物質世界のなかに生きている。物質世界から取り出された覆いに、私は包まれている。しかし、自分のなかに沈潜すると、私のなかに思い出が生きている。私を物質世界に縛り付けているものが、神的ソフィア、神的叡智に憧れている。私のなかに生きる存在、アカモードは、かつてアイオンの世界に生きる神の息子に照らされたからだ〟と、そのような心魂は言えたはずだ」と、グノーシス主義者は語りました。

このような考えが、グノーシス主義者の弟子の心魂には明らかでした。そのような心魂の持ち主が生きていたのです。それらの心魂は、仮定の構成物ではありません。実際に生きていたのです。思慮深い歴史家は、外的な文献をとおして、そのような心魂が当時、多数生きていたことを見出しました。

私がいま述べたことが、なぜ現代では反対されるのかを明らかにすることが必要でしょう。現代の賢明な人間は、グノーシスについて何と言うでしょうか。「パウロの神学は、律法学者の込み入った屁理屈だと感じられる」ということを、私たちは聞くにちがいありません。

賢い一元論者は高慢に世界を眺めて、単純な進化の概念や、もっと簡単なエネルギーの概念で、この世界をとらえます。

「いまや、私たちは大人になった。エネルギー的な世界観を構築する概念を獲得した。私たちは、何百年もまえにグノーシス思想を構築した哀れな、愛すべき子どもたちを振り返って眺める。彼らは子どもっぽく、さまざまな霊、三〇のアイオンを作り上げた。児戯に類する人類の心魂の活動が、そのような思想を作り上げる。そのような遊戯を、大人になった心魂は、現代の一元論において、とっくに抜け出た。われわれは寛大に、グノーシスの哀れな、子どもっぽい振る舞いを眺める」と、一元論者は言います。

これが今日の気分です。この気分は容易には正されません。「君が進化の思想、エネルギーの思想を自慢し、高慢になったのを、私はよく理解する。しかし、それは君の思考のいとなみが粗雑で簡単で原始的になったからだ。原初の霧から宇宙が発生したという、非常に抽象的な思考で満足しているからだ。君は〈進化〉や〈エネルギー〉という言葉を語り、立派な体系を打ち立てたと信じている。君の有するものを超える三〇段階の精妙な精神的いとなみを、君は見ることができないのだ」とグノーシス主義者は語るだろう、と言うことができるでしょう。

しかし、こうして、きょうの考察の最初に据えた対立は、もっと鋭くなるだけです。一方には現代の粗雑で原始的な概念があり、他方にはグノーシスがあります。アイオンの進化の経過のなかで神の息子と聖霊を見出すため、そして心魂のなかに神的ソフィアと神の息子と聖霊への憧れを見出すために、グノーシスが三〇のアイオンという複雑な概念を用いていることを、私たちは知りました。

そうして私たちは、「ギリシア・ローマ世界で果たされた思考の深化から、私たちがいま有するものが現われたのではないか。そうして、私たちは進化の思想、エネルギーの思想へと進んだのではないか。グノーシスの複雑な概念は、現代人には好まれない。その概念は、現代とはまったく無縁なものではないか」と、問います。

これは大きな対立ではないでしょうか。私たちが明視的になった心魂について語ることをふたたび振り返ると、この対立から生じて心魂を重苦しくする矛盾は、ますます大きくなります。明視的になった心魂は、ギリシア・ローマの思考世界のなかに身を置くことができます。そして、きょう述べた宇宙を見ます。ギリシアにおける思考の深化のいたるところに、私たちはグノーシスが示す深化を見出します。とはいえグノーシスを、今日の人智学によって見ると、星の意味するものを理解することができません。私たちはその星から、三つの世界によって隔てられているのです。

「当時、歴史の発展のなかで生じたことを、グノーシス主義者は理解したのか」と、私たちは問います。グノーシス主義者から答えを得ることはできません。彼らの答えは、私たちを満足させません。今日、明視的な心魂が目にするものに、グノーシスは光を当てることができないのです。

私はきょうは、みなさんに何らかの説明をしようとは思いません。私が語ったことが説明されていないと、みなさんはお感じになるでしょう。私がみなさんに述べたことは矛盾だらけだと、お感じになるでしょう。きょう、そのようにお感じになったら、私をよく理解なさったことになります。

西暦紀元の始まりに、人間の理解から遥かに離れたものでありながら、人間の理解を引き起こしたものが世界のなかに現われたと、みなさんが感じてくださることを私は望みます。西暦紀元の始まりの時期が大きな謎であると、みなさんがお感じになることを私は望みます。人類進化のなかに何かが起こり、それはギリシア・ローマ世界で思考の深化、あるいは思考の発見のように見えたということを、みなさんが感じてくださるよう私は望みます。その根拠は深い謎です。物質的・感覚的世界のマーヤーのなかに現われる、ギリシア・ローマの思考の深化を、隠れた世界のなかに探求しましょう。

きょう私は、理念や説明ではなく、謎を提出したかったのです。この続きは、明晩にしましょう。

14【ストア主義】
古代哲学の一派、ストア派のこと。ストイックという言葉が示すように禁欲的思想と態度によって有名。

15【グノーシス哲学】
一世紀頃に生まれ、二〜三世紀にかけて勢力を持った古代の神秘思想の一つ。霊と物質の善悪二元論に特徴があり、認識（グノーシス）によって真の神に到達できるとした。キリスト教がロゴスの受肉を語るのに対してグノーシスは不可視のキリストにとどまり、キリストの神性を認識するがロゴスが肉になったという見解に到らない。

16 【星】
シュタイナーによれば心魂界の入り口であり、神霊存在の総体である。神々の身体。神々が進化して、人間にとって死にあたる地点に到ったときに残した物質が星である。

17 【パウロ神学】
新約聖書に収められた書簡に展開される、イエスの贖罪の死と復活を中心とした神学。

18 【カント・ラプラスの宇宙霧】
宇宙の塵が集まり星雲になり、更にそれが集まって星が誕生するという説。

19 【アイオン】
グノーシス思想で説かれる、人間の進化に関わる存在。感覚的に知覚される世界ができる前に、父神と沈黙から発した三〇柱のアイオンがいた。

20 【ソフィア】智。浄化されたアストラル体のこと。

21 【聖霊】
人智学では宇宙個我のこと。パラクレートとも呼ばれる。アストラル体を処女マリヤへと清めた者に光を注ぐ、菩薩の総体。

22 【デミウルゴス】
もとはプラトン『ティマイオス』に説かれた宇宙の創造者で、ユダヤ教、キリスト教にも影響を与えた。ユダヤ教の思想家アレクサンドリアのフィロンは、これと「創世記」の天地創造神話を結びつけて、解釈した。グノーシスでは、『創世記』（旧約聖書）の神を、物質を作った造物主デミウルゴスとし、（新約聖書の）真の神との区別がある。

女予言者たち

きのうの考察の思考内容をもう一度呼び戻すと、「西暦紀元の始めに、ゴルゴタの秘儀を理解するために、時代の叡智の宝庫から、あらゆる努力が払われた。この企てにおいて、叡智は非常な困難にぶつかった」という言葉で要約できます。私たちはこの現象を、もう少し検討しなくてはなりません。

ゴルゴタの秘儀をとおして生じたことが誤解されたのは必然的なことでした。その誤解を正しく理解することなしに、この現象を理解することなしに、のちに生じた意味深い事実に光を当てることは不可能です。「聖杯という理念の登場」という事実です。

この理念について、私たちはいくつかのことを語らねばなりません。グノーシス主義者が目を向けた、最も意味深い、叡智に満ちた、西暦紀元の始まりのころに生じた方向は、神の息子を力強い宇宙像で示そうとしました。その理念が、いかに印象的で圧倒的で独創的であったか、私たちはきのう考察しました。

ゴルゴタの秘儀について、霊的な年代記から見出すことの可能なもののみを見るなら、「グノーシス主義者の概念と理念によっては、正しいものは始まらない」と、言わなくてはなりません。イエスのなかへのキリストの出現について、グノーシス主義者が形成した多くの表象を見ると、このことが特に正確に分かります。グノーシスでは、「キリストは、あらゆる地上的なものを越え出て、神霊世界に根付く存在である。このような存在は、ナザレのイエスの身体のような人体のなかには、一時的にしか滞在できない」と、言われました。

このようにグノーシス主義者は語りました。私たちが今日くりかえし、「キリスト存在は三年間、一時的にナザレのイエスの身体のなかに棲んだ」と強調しているのとそっくりです。ただグノーシス主義者は、キリスト存在がナザレのイエスの身体のなかにどのように生きたのか、分かりませんでした。

第一に、彼らには、ナザレのイエスの身体の秘密が明らかではありませんでした。その身体のなかにゾロアスター[23]の個我が棲んだことを、彼らは知りませんでした。ナザレのイエスにおいて結合した物質体・生命体・感受体は、それまで一度も受肉したことのない人間実質であったということを、彼らは知りませんでした。二人のイエスとキリストとの関係を、グノーシス主義者は見通していませんでした。

ですから、彼らは自分が語ることのできたものに不満を持っていました。あるいは少なくとも、彼らがナザレのイエスの身体のなかにキリストが一時的に滞在したと語った内容を、グノーシス主義の信奉者たちは不満に思いました。

誕生の仕方という人類進化最大の秘儀にも、グノーシス主義者は独自の方法で言及しました。キリストの地上への出現が、肉体的な受胎をとおした経過に関連するということを、彼らは知っていました。しかし、ナザレのイエスの母を、キリストたるイエスの誕生と関連させることを、彼らは徹底的に遂行できませんでした。それを遂行しようと試みた人々もいましたが、彼らはほとんど理解されませんでした。

いま述べた困難さから、キリストが肉身で地上に出現したことを否定するグノーシス主義者もいました。彼らは、地上のゴルゴタの丘での死の前後、仮の身体、私たちがアストラル体（感受体・心魂体）と呼ぶものが、あちらこちらに現われたのであって、それは物質的身体ではなかった、と表象しました。キリストが肉体と結び付くと表象するのは困難だったので、そもそもキリストは肉体に結び付かなかったのだ、と彼らは言いました。キリストが肉体で歩き回ったと信じるのはマーヤー（幻）だというのです。

グノーシス主義者は地球進化の最大の問題を処理しようと努めましたが、ある点で、彼らの概念と理念は不十分でした。それらは、実際の出来事を解明するには無力であることが判明しました。

　さて、パウロが問題をどう処理しようと試みたかについて、私たちは語らねばならないでしょう。いま述べたような誤解が必然的に生じるということが、いったい何を示しているのかをまず明らかにすると、よいでしょう。精神科学の手段によって一連の問いを立て、それらに答えようとするなら、提示された本題がまず抽象的に明らかになります。

　たとえば、「イエスの時代が、キリストたるイエスの本質を理解する状態になかったのなら、他の時代はキリストたるイエスを理解することができたのか」と、問うことができます。さまざまな時代の人間の心魂のなかに戻ると、精神探究者は奇妙な結論に到ります。

　まず私たちは、太古[24]のインドの偉大な導師たちの心魂のなかに入ることができます。アトランティス後の最初の文化であるインド文化の導師たちの心魂のなかに入ることができます。しばしば強調したように、古代の神聖なインドの聖仙たちが明視的に展望した、包括的で深遠な叡智に向き合うと、私たちは非常に深く感嘆します。この時代の偉大な導師たちの心魂のなかに宇宙の秘密が注ぎ込まれていたことを、私たちは知っています。その宇宙の秘密は、のちの時代の叡智には認識できなくなりました。

　明視的な意識で古代インドの偉大な導師たちの心魂のなかに入ることができると、「キリスト存在が当時、神聖な聖仙たちのいる地上に出現していたなら、これらの聖仙たちの叡智によって、キリストの本質は完璧に理解されていただろう」と、言わなくてはなりません。何の困難もなく、何が問題かを聖仙たちは知ったことでしょう。いま述べた非常に重要な現象を抽象的な言葉で正規に語ることはできないので、イメージで示すことをお許しください。「宇宙を脈々と流れるロゴス[25]の叡智の輝きを、古代インドの神聖な聖仙たちが一人の人間のなかに知覚したとき、彼らはロゴスに供物の香を焚いただろう。それは、人間領域のなかに働きかける神的なものを承認する象徴である」と、私は言いたく思います。

しかし、キリスト存在は当時、受肉すべき身体を見出すことができませんでした。当時、身体はキリスト存在に適したものではありませんでした。キリストの本質を理解するあらゆる手段が存在していた時代に、キリスト存在は現われることができなかったのです。その理由は、のちほど詳しく話します。

ついで、古代のゾロアスター文化を生きた心魂のなかに身を置くと、「ゾロアスター文化を担った心魂は、太古のインド文化の高い手段を、もはや備えてはいない。しかし、太陽神霊が一個の人体のなかに生きることになっているということを、彼らは理解していた。太陽神霊に関して、そのような事実を彼らは理解できた」と、私たちは言うことができます。

ふたたびイメージで語るなら、「ゾロアスターの弟子たちは、人間のなかに宿る太陽神霊を、叡智の象徴である神々しい黄金で祝った」と、言わねばならないでしょう。

さらに、カルデア・エジプト文化期に進むと、キリストたるイエスを理解する可能性がさらに減りました。しかし、ポスト・アトランティス第四文化期であるギリシア・ラテン文化期ほど、その可能性は少なくありませんでした。ギリシア・ラテン文化期には、キリストという現象を理解できるほど、グノーシスは力強いものではありませんでした。

霊的な高みから一個の星が現われ、一人の人間のなかに生まれたということを、人々は理解したでしょう。つまり、地上外の領域に由来する神的・霊的な存在の素性を、彼らはよく理解したでしょう。彼らは没薬を供物に持ってくることでしょう。聖書のなかに登場する東方の三博士《マギ》です。

三つのポスト・アトランティス文化期に由来する叡智の宝庫を守る者たちの身になってみましょう。この三人のマギがイエスの誕生のときに現われたことをとおして、なにかを聖書は私たちに告げています。今日ではほとんど顧みられていませんが、「この三人のマギは聖書において特別の位置を占めている」ということに私たちは注目します。「彼らはイエスの誕生に際して、何が問題かを理解した重要な賢者だ」と、聖書は私たちに語っているのではないでしょうか。

しかし、「この三人の賢者の叡智は、のちにはどこに保たれたのか。彼らの叡智から何が生じるのか。キリストの出現を理解するために、この東方の三賢者から私たちに何が発するのか」と、問いたくなります。これは、ただ問いとして投げかけておきます。これは、聖書に対して投げかけられるにちがいない数多くの問いの一つです。この問いは、一九世紀の衒学的な聖書批評よりも重要なものです。

さて、第四[27]ポスト・アトランティス時代に行くと、「いまやキリスト存在が受肉できる身体が存在する。その身体は、第一ポスト・アトランティス時代、第二ポスト・アトランティス時代、第三ポスト・アトランティス時代には存在しなかった。いま、その身体は存在する。しかし、いま何が生じているのかを理解し、把握する可能性が人間にはない」と、言うことができます。

これは奇妙なことではないでしょうか。キリストを理解するのに最も適していない時代に、キリストは地上に現われるのです。この事実が、私たちの心魂に浮かび上がります。

それに続く時代を眺め、特にキリストたるイエスの存在を理解するために行なわれた企てに注目すると、果てしない神学論争が見出されます。ついに私たちは、中世に知識と信仰が鋭く分離したことを見出します。つまり、キリストたるイエスの本質について知ることが完全に断念されたのです。

この現象については、近代以後まったく語られずに、今日に到っています。奇妙な現象です。キリストを理解するのに最も適していない時代に、キリストは誕生したのです。キリストが人間に理解されて地上で活動すべきだったら、理解されなかったのですから、その活動は本当に痛ましいものだった、と言わねばならないでしょう。これは極端な表現だと言われるでしょうが、誤解を避けるために、私はこの言葉を用いたいのです。「キリストの出現に関する神学の展開を精神科学の立場から眺めると、神学はキリスト存在の理解をとことん妨げた。神学はキリスト存在を理解するのを妨げることに貢献した」。神学は発展するとともに、ますますキリスト理解から遠ざかっていったからです。これは極端な言い方です。しかし、この極端な言い方の意味をくみとる人は、この言葉の深い意味を明らかにできるでしょう。

このようにして示された謎は、容易に解明されません。私はこの謎を処理するために、さまざまな精神探究を試みました。きょうは時間がないので、それらの探究方法について語ることはできません。しかし、それらの探究の道の一つを挙げたいと思います。西暦紀元の始まりに現われた、精神生活の非常に特異な現象です。古代の巫女シビュラたちという現象です。

シビュラたちは非常に独特な予言者の性格を持った、注目すべき現象です。外的な学問は、「シビュラ」という言葉が何語に由来するのか、明らかにできません。

まず外的な文献をとおして、かなり詳細にシビュラについて知られていることに目を向けると、シビュラの活動の始まりに、非常に注目すべき現象に気づく、と私たちは言うことができます。八世紀ごろ、イオニアのエリトラエア（エリュトレイア）に、最初のシビュラの地がありました。そこで最初のシビュラたちが、さまざまな予言を世界に告げました。

外的に伝承されている予言が示すように、シビュラたちの言説は人間の知識と心魂のいとなみの地下に由来します。心魂のいとなみの混沌とした地下から、シビュラたちは地球進化の未来について、いろんな民族に語るべきことを、さまざまに取り出しました。すなわち、最初に嫌な者たちに言うべきこと、そして時おりは、善良な者たちに言うべきことを、心魂の地下から取り出しました。整然とした思考と言われるものからは遠く離れて、心魂の混沌とした地下から、シビュラの言葉はほとばしりでました。

精神科学によって吟味してみましょう。シビュラは才気あふれる熱狂をもって人類のまえに現われ、彼女の語ることを人々に押し付けようとしました。人々はシビュラの言葉に耳を傾けました。ギリシアのデルフォイの巫女ピュティアは、人から問われるまで予言しませんでした。シビュラは、ピュティアのように待ってはいませんでした。シビュラは姿を現わし、人々が集まりました。人間について、民族について、地球の未来についてシビュラの語ることには、強力に押し付けるような響きがありました。

彼女たちがイオニアに現われたのは、奇妙な現象でした。イオニアは、タレスとアリストテレスからローマ時代まで、人間の整然とした心魂のいとなみ、混沌に対抗するものから現われる叡智、ギリシア哲学の発祥の地だからです。イオニアでは、明瞭で明晰で明確な概念に到達するものが、心魂のいとなみのなかから探し出されました。明晰な哲学、明確な哲学、天上的な哲学がイオニアから発し、プラトンに受け取られました。その影のように、シビュラたちは現われました。

彼女たちの精神の産物は、心魂の混沌から現われたもので、成就するものを明確に告げることもありましたが、実現したと言い繕うために、シビュラの信奉者たちによって変造されたお告げもありました。

ついで私たちは、叡智の影が第四文化期に付きまとうのを見ます。シビュラの予言がギリシア、イタリアに広がっていきます。さまざまな種類のシビュラがいた、と語られています。イタリアにまでシビュラの予言が広がっていくのを、私たちは見ます。しだいに、ゴルゴタの秘儀の時代へと、シビュラの動きが到ります。シビュラの動きがローマの詩人たちに影響を与えたのを、私たちは見ます。[28]ウェルギリウスの詩のなかにさえ、影響が見られます。シビュラの語る言葉を引き合いに出すことによって、いきいきとした人物描写が試みられました。

シビュラの発する言葉がいかに評価されていたかを、人々が助言を求めた「シビュラの託宣書」に見ることができます。そこに私たちはふたたび、シビュラの言葉には、最高に精神豊かなものと完全なペテンとが混沌と混ざっているのを見ます。そして、このシビュラの動きがキリスト教をとらえるのを、私たちは見ます。[29]トマス・フォン・チェラーノの、つぎのような歌が私たちに響いてきます。

ディエス　イラエ　ディエス　イラ
ソルヴェト　サエクルム　イン　ファヴィラ
テステ　ダヴィド　クム　シビュラ
怒りの日よ、
ダヴィデとシビュラの証言によって、
この悠久の宇宙を無に帰す日よ。

キリスト教が発展していった時代にも、多くの人物たちがシビュラの発する言葉に直面しました。特に、いままでのものが壊滅し、新しい世界秩序が到来するという託宣に、人々は直面しました。

何世紀間も、シビュラが私たちに立ち向かい、第四ポスト・アトランティス時代全体、そして、わずかではあっても第五時代のなかまで、その輝きが届いている、と言うことができます。現代の合理主義的な表象に支配されて、そのようなものを気にかけない者だけが、キリスト教が広まっていった世界に、シビュラの動きがどのように深い影響を及ぼしたか、見落とすことがあります。

今日語られる歴史は、特に精神的なことがらを扱うとき、多くの点でわざとらしい作り話になっています。人々が想像するよりもずっと広範な層の民衆のなかまで、人々の表象はシビュラから発するものに支配されていました。このシビュラの世界は、第四ポスト・アトランティス時代に現われた、奇妙な、謎のような現象です。

このシビュラの心魂のなかで生じたことは、私たちにとって興味深いものにちがいありません。私たちは精神探究をとおして、そのようなことがらを、唯物論的な精神文化の層に覆われたものから取り出さねばなりません。そのように覆われたものは、そのままで用いることはできません。現代の精神探究の手段によって改新されねばなりません。

しかし、シビュラの本質は、比較的近年まで、今日のように忘れ去られてはいなかったということに注意すべきです。シビュラたちの意味を伝える、意味深い作品があります。この作品は、常に意味深いものとは見なされてきませんでした。しかし、人を熟考へと誘う作品があるのです。ミケランジェロの偉大な創作のなかに、それは存在しています。彼はヴァティカンのシスティナ礼拝堂の壁画のなかに、地球と人類の進化だけでなく、預言者たちとシビュラたちも描きました。

その絵を考察するとき、ミケランジェロがどのようにシビュラを描いたか、その方法を見過ごしてはなりません。特に、彼がどのように預言者たちとシビュラたちを対照的に描いているかを見過ごしてはなりません。とらわれなく考察すると、その対照的な描き方のなかに、私たちが精神科学をとおして再認識できる第四ポスト・アトランティス時代の多くの秘密が示されているからです。第四ポスト・アトランティス時代に、ゴルゴタの秘儀は生じています。

私たちはまず、芸術作品として見事に預言者たちが描かれているのを見ます。ザカリア、ヨエル、イザヤ、エゼキエル、ダニエル、エレミヤ、ヨナです。これらの預言者たちの列のなかにシビュラが描かれているのを、私たちは見ます。ペルシア、デルフォイ[30]、エリトラエア[31]、リビア、クマエのシビュラたちです。

預言者たちを見てみると、彼らは多かれ少なかれ独特の性格を持っています。それを私たちはエレミヤに見ることができますが、特にザカリアにははっきりと現われています。深く思索している人物たちで、大部分が書物などに思いを沈めています。読んでいる本の内容を、均衡の取れた、整然とした心魂で静かに受け取っています。心魂のなかに静かに生きているものが、これらの預言者の顔付きにも現われています。

かすかな例外はダニエルですが、そのように見えるだけです。ダニエルは少年の背に置かれた本のまえに立ち、自分が読んでいるものを別の本に書くために、手に筆記具を持っています。世界の秘密を沈思して受け取ることから、書くことへと、わずかながら移行が見られます。

ほかの預言者たちは、じっと沈思し、冷静で落ち着いた心魂によって、宇宙の秘密に没頭しています。彼らはみな超地上的なものに沈潜し、彼らの心魂は神霊的なもののなかに安らいでいます。彼らは神霊的なものから、人類の生成を究明しようと試みています。

彼らの思考は直接周囲に存在するものを越えているということが、私たちには分かります。人間的な情熱と熱狂を越え、情熱と熱狂から現われる恍惚境を越えています。彼らは、人間が見出すものを越えているだけでなく、地上の人間として自分が体験するものも越え出ています。これが、ミケランジェロの描いた預言者の偉大さです。

ついで、まなざしをシビュラの描き方に向けましょう。まず、エレミヤのそばにペルシアのシビュラがいます。エレミヤの思索的な態度とは、注目すべき対照をなしています。彼女は自分がいま経験したことを人々に押し付けようとするかのように、手を上げています。下手な演説家を手本にして、自分の告げることを全力で証明しようとしているかのようです。

そして、熱狂的な情熱の力によって、上に挙げた手のなかに、全人類を説得しようとする内容を流し込んでいるかのようです。

ついで、目をエリトラエアのシビュラに向けてみましょう。彼女が地上の元素の秘密に結び付いているのを、私たちは感じます。彼女は頭上にランプを持っています。裸の少年が、松明でそのランプに火を灯しています。自分が表現しようとするものを、これ以上にはっきりと表現できるでしょうか。無意識の心魂の力から全力をもって人類に植え付けたい予言を、人間の情熱が点火するのです。

預言者たちの心魂は、精神のなかで「永遠」に没頭しています。シビュラたちは、精神的・心魂的なものを開示する地上的なものに感激しています。それを、デルフォイのシビュラは特によく示しています。彼女の髪はそよ風にたなびき、その風は青いヴェールのなかに吹き込んでいます。彼女は告げるべきことを、空気の元素に負っているのです。シビュラの髪とヴェールに吹くそよ風のなかに、このシビュラの口をとおして大地が開示し、私たちを力強く説得します。

つぎにクマエのシビュラです。彼女は舌足らずにしゃべるかのように、口を半分開けて話しています。彼女は無意識に由来する予言を、口ごもっているように見えます。リビアのシビュラは性急な様子で、振り返って何かをつかんでいます。そのなかに彼女は秘密を読むことができるのでしょう。これらのシビュラたちは、完全に地上の元素に没頭しています。

後世よりも、自分が言うべきことを絵画・芸術のなかでずっとよく表現できた時代には、このような作品が作られました。のちには、概念・理念が使われねばならなくなります。

このシビュラの独特の性質は何なのでしょうか。彼女たちは、いったい何なのでしょう。彼女たちの予言は何を意味するのでしょう。シビュラの心魂のなかで生じていたことを究明しようとするなら、人類進化の秘密のなかに深く下っていかねばなりません。

この目的のために、もう一度、「なぜ古代インドの聖仙たちは、私たちにはほとんど究明できない叡智によって、キリストたるイエスを容易に理解できたのか」と、問いましょう。「彼らは、第四ポスト・アトランティス時代が有していない叡智と概念を持っていたからだ」というのは、ありふれた言い方ですが、本当のことです。

たとえばグノーシス主義者たち、反グノーシス主義者たち、使徒[32]時代の教父たちが獲得できなかった能力を、古代インドの聖仙たちはすべて有していました。彼らはすべてを有していました。しかし、どのように有していたのでしょう。プラトンやアリストテレスのように練り上げた理念ではなく、霊感・インスピレーションのように、すべてはやってきたのです。具体的なインスピレーションのように、すべてが力強く彼らのまえに現われたのです。

宇宙から流れ込んでくるものが、彼らのアストラル体を把握しました。そして、彼らのアストラル体に対する宇宙の作用から現われた概念が、キリストたるイエスという存在を、魔法のように心魂のまえに呼び出すことができました。

その概念は宇宙から人間に与えられた、と思われます。人々は自分でそれを手に入れたのではありません。それはアストラル体の深みから吹き上がってきたのです。それは驚くべき明確さをもって、神聖な聖仙たちのアストラル体、その弟子たちのアストラル体から吹き上がってきました。第一文化期に属する古代インド文化全体のアストラル体から吹き上がってきたのです。

それはだんだん少なくなりながらも、第二ポスト・アトランティス文化期、第三ポスト・アトランティス文化期のなかに存在し、その名残りが第四ポスト・アトランティス文化期のなかに保たれていました。どのように保たれていたのでしょうか。何の名残りとして保たれていたのでしょうか。

第三ポスト・アトランティス文化期にまだ存在したものを調べると、少なくとも当時の頂点に立っていた人々は、地上外のものごとについての概念、星天に象徴されるものについての概念を持っていたことが分かります。当時は、今日よりも識者の割合がずっと多かったのです。彼らは星々の動きのなかに、宇宙存在の秘密を読むことができました。もしも、キリストたるイエスが第三ポスト・アトランティス時代に地上に現われていたら、キリストはどのような存在なのか、星々の文字から認識されたにちがいありません。

しかし、人間のアストラル体のなかで、いきいきとしたイメージによって宇宙の秘密に関与する能力がしだいに衰えていくのは、人類進化の必然的な運命でした。そのイメージは、だんだん混沌としたものになっていきました。いま述べた方法で人間の心魂のなかに入ってきたものは、本来の宇宙の秘密を究明するためには有力でなくなっていきました。まったく無力になったのではなく、だんだんと有力でなくなっていったのです。

こうして、二つのことが発生しました。一方ではプラトンの概念世界、アリストテレスの概念世界です。理念世界、ふるいにかけられた精神世界です。アストラル体から到来するのではなく、個我そのものによって把握・究明される精神世界です。

ギリシア哲学において、精神が初めて個我から表明されました。これがギリシア哲学の特徴です。完全に透明な概念、しかし本来の精神生活からは遠い概念のなかで、精神が個我から表明されました。

ただ、ギリシアの哲学者は近代の哲学者とは異なって、思考は精神世界に由来する、と感じていました。近代の哲学者は、自分の思考と宇宙の秘密との、いきいきとした関係をもはや感じないので、必然的に懐疑家・懐疑論者になりました。近代には、「私が思考することは、宇宙神霊が私のなかで思考しているのだ」と言う能力が少なくなりました。

私が『霊界の境域』（邦訳、水声社）のなかに書いたように、人間は瞑想をとおして思考への信頼を獲得しなくてはなりません。概念と理念の形成への信頼を獲得しなくてはなりません。

ギリシアの哲学者は、自分の思考を宇宙神霊の思考と見なすことができたので、その信頼が素朴に与えられていました。ですから、ギリシア哲学において人類にやってきたのは、宇宙神霊の最も外側の表皮だったのです。とはいえ、宇宙神霊の生命的ないとなみに貫かれた表皮でした。それを人々は感じました。

古代から残った第二のものは、先祖返り的な遺産でした。それがシビュラの予言のなかに、はっきりと残っていました。人間の心魂の力は、第二ポスト・アトランティス時代、第三ポスト・アトランティス時代をとおして調和的に活動してきました。シビュラたちは自らの世界の混沌から、人間の心魂の力をもう一度復活させました。その力はいま神霊世界の扉を、混沌とした形で開きました。

ここで、このテーマに関連させて、仮説を取り上げることが許されるでしょう。「キリストが到来せず、ギリシア哲学が発生していなかったら、どうなっていただろう」という仮定です。

そうしたら人類は、自分が相続するもので存続していかねばならなかったでしょう。第四ポスト・アトランティス時代に、シビュラたちが活躍した段階で到来したものによって存続していかねばならなかったでしょう。西洋でキリスト衝動なしに、哲学なしに、哲学に基づいた学問なしに、遺伝された素質がまっすぐに発展していたら、西洋は精神的な混沌に陥っていたでしょう。キリストが現われず、哲学が発生していなかったら、シビュラの心魂のなかで生起したものから何が発生し、どうなっていたことでしょう。力は作用をあとに残します。

精神科学の手段を用いて、この元素の力を吟味し、風・水・火のなかで表明される霊的な力、地球周辺に生きる霊的な力を吟味してみましょう。その力がいかに人間の心魂のなかに巣くっているか、吟味してみましょう。

つまり、人間の心魂を占領する風の霊、火の霊、水の霊、土の霊の力を吟味するのです。そうすると、第一ポスト・アトランティス時代、第二ポスト・アトランティス時代、第三ポスト・アトランティス時代の古い方法から調和と秩序が退きながらも、その力は人間の心魂のなかにとどまっていただろう、と表象できます。人間の心魂は、自らのなかに宇宙の現象との関連を本当に確立する能力を、もはや持たなかったことでしょう。そして、風の霊たち、火の霊たち、特に妖怪・魔物、大きな宇宙の関連から解かれた存在たちと関係したことでしょう。人間は元素霊たちの力に委ねられたことでしょう。人間はシビュラの教えに従ったことでしょう。その力は強力で、地球の終末まで残ったことでしょう。

「どのようにして、それは制止されたのか。シビュラのなかに生きているこの力は、だれによって次第に弱められていったのか」と問うなら、「ゴルゴタの秘儀をとおして地球のオーラのなかに注ぎ出たキリストが、人間の心魂からシビュラの力を取り去り、シビュラの力を破壊したのだ」と答えなくてはなりません。

このように、人間の叡智ではキリスト衝動について多くを理解できないという事実が、精神科学によって認められます。概念と理念はかなり無力であることがはっきりしました。

キリスト衝動が教義として世界に現われることが問題なのではありません。ゴルゴタの秘儀から流れ出た直接的な衝動が重要なのです。その衝動は、聖職者が教授するもののなかにはありません。人々が理解するもののなかにはありません。人間の心魂に生起するもののなかに、その衝動を探求しなくてはなりません。地球のオーラのなかに注ぎ出たキリストという一つの行為が、シビュラ的なありかたと戦ったという事実を、きょう私はみなさんに示したかったのです。

そのように、キリストは裁判官の役割を果たしたのです。それを唯物論的に理解した者たちは、キリストは復活ののち、すみやかに再来する、と誤解しました。当時の人間の概念は、このことを理解するには到りませんでした。近未来における再臨という理念が混沌とした形で現われました。この理念のなかに、キリストは地上に現われたという真理が生きていました。それをパウロ[33]が外的に準備したことは、あす考察します。

それはなによりも、キリストとシビュラたちとの霊的な戦いが繰り広げられた、感覚世界の背後に存在する領域に現われました。物質界でキリスト教が広まった秘密を、私たちは解明しなくてはなりません。物質界の背後に、私たちは霊たちの戦いを見なくてはなりません。そこでは、混沌とした性格を以て大きな力へと成長していたにちがいないものが、心魂から追い出されます。

この一度かぎりの行為を誤って理解する者は、この形而上学的な行為をとおして、無限のものがキリストによって人類のために成し遂げられた、ということを洞察しません。だれがこの事実を十分に、あるいは、すくなくともいくらか理解できるでしょうか。インスピレーション、神霊世界からの啓示を受け取る天分のある人々です。福音書を書いた者たち、そしてパウロです。

べつの面からも、私たちは福音史家たちとパウロを評価しなくてはならないでしょう。パウロは力強い火のような言葉で、ゴルゴタの秘儀の理解に寄与しました。しかし今は、パウロの言葉なしにも、世界に生起したものに私たちは注目しましょう。

きょうの講義の終わりに、次のような話をさせてください。キリストとシビュラとの戦いという現象に目を向けましょう。そうすると人々は、「パウロの言葉と言葉のあいだには、人々が読む以上のものがあるように思われる。ダマスクスの出来事[34]から彼に移っていった力が、彼をとおして表現されているように見える。彼をとおして、シビュラの予言的な語気に対立するトーンが人類のなかに突入してきたように見える。ミケランジェロが見事に造形した古代の預言者たちの様子が、彼に継続しているように見える」という言葉で要約できる感情を、パウロに対して持ちます。

　シビュラたちは、大地の元素から発するものを有していた、と私は言いました。大地の元素霊たちが彼女たちに語りかけなかったら、彼女たちのなかには何も存在しなかったことでしょう。パウロにはシビュラに似たものがあります。それは、まったく公教的に、すでに外的な学問が気づいたことです。それを精神科学的に考察すると、本当に驚きます。

　パウロも独自の方法で、大地の元素から叡智を汲み出しました。大地の元素の独特の領域から汲み出しました。私がいま言おうとすること、外的な学問からは説明されないことを考察しなくても、パウロを神学的・合理主義的・抽象的によく理解できます。通常の合理性の観点からのみパウロを把握しようとすれば、彼を非常によく解釈できます。

　しかし、霊的・精神的にパウロのなかに生きていたもの、彼の言葉のなか、言葉のあいだに生きていたものを把握しようとしましょう。なぜ彼の言葉に、シビュラたちの予言に似たものを感じるのかを把握しようとしましょう。そうすると、「パウロの世界はどこまで到るのか。パウロの世界の限界はどこか」という問いに対して答えを与える現象が見えてきます。

私たちが得る答えは、注目すべきものです。「パウロの勢力範囲は、オリーブが栽培されている地域とちょうど同じ広さだ」。私は自分が奇妙なことを語っているのを知っています。しかし、あすパウロを扱うと、この奇妙さは解消されます。

地球は地理的にも、秘密に満ちています。オリーブの木の生えている地域は、樫やトネリコの生えている地域とは異なります。人間は物質存在として、物質的受肉において、元素霊たちと関係します。オリーブの木の繁殖する世界は、樫の世界、トネリコの世界、西洋イチイの世界とは別様にささやき、ざわめき、湧き立ちます。地球と人間との関係を把握しようとするなら、オリーブが繁殖する限界の地までパウロの言葉は達する、という奇妙な現象に注意を向けることには意味があります。

23【ゾロアスター】
ザラスシュトラ。人類の思想の歴史における偉大な聖者の一人で、ゾロアスター教の開祖。ソロモン系イエスの中に受肉した個体が、菩薩ゾロアスター。マヌの弟子。七回の転生を経て聖仙の教えに参入後、盲唖者として生まれ、内面で太陽神の教えを受け取った。その後の人生で、アフラ・マズダが彼に示現した。トロイア戦争五〇〇〇年前の人物。

24【太古のインドの偉大な導師たち】
ヴェーダを神より授かったという、神話・伝説上の詩聖達。アトランティス後のインド文化の創始者。ヴェーダの詩聖としてサプタルシャヤ(七詩聖)と呼ばれるリシが並び称されている。彼らは北斗七星と同一視されているが、その七人の名は資料によって様々。

25【ロゴス】
神的創造言語であるロゴスはキリストのこと。七柱のエロヒムの総体である。

26【三博士】
東方の三博士。三賢者。『マタイ福音書』二章で、ソロモン系イエスが再受肉したゾロアスターだと知って、カルデアからやってきた人々。

27【第四ポスト・アトランティス時代】
ギリシアーラテン文化期。BC．747―AD．1413。

28【ウェルギリウス】（BC．70―19）
古代ローマの詩人。『牧歌』、『農耕詩』、『アエネイス』という三つの叙事詩を残した。

29【トマス・フォン・チェラーノ】（1190頃―1260頃）
アブルッツォ生れのフランシスコ会修道士。アッシジの聖フランチェスコの第一伝記、第二伝記、奇跡篇を書いた。

30【デルフォイ】
デルポイ。ギリシア本土、パルナッソス山のふもとにあった古代ギリシアの都市国家。

31【エリトラエア】
旧エジプト領と、エチオピア領海岸地帯。

32【使徒時代の教父たち】
イエスの弟子である使徒たちから直接教えを受けた人々。「使徒教父」。

33【パウロ】
初期キリスト教時代から現在まで、最も重要なイエス・キリストの使徒の一人。聖人。改宗前はキリスト教徒たちを迫害していた。

34【ダマスクスの出来事】
イエスの弟子たちを迫害し殺そうとしたパウロが、復活したイエス・キリストによって回心し、三日間盲目になったのち治癒しキリスト教の洗礼を受けたこと。

ミケランジェロ「デルフォイの巫女」1508-09

ミケランジェロ「預言者エレミア」
1511-12

ナタン系イエス

この連続講義では、個々の主題を提出し、その主題の理解に導くものを取り出すようにしています。キリストたるイエスの存在を理解するのが困難であるというテーマを、私は出しました。また、第四ポスト・アトランティス時代におけるシビュラの予言のなかに見られる、人間の心魂のいとなみの形成について語りました。そして、先回、パウロとオリーブの木というテーマを出しました。

これらのテーマには、あとで再び立ち戻ることにしましょう。私たちは、いわば輪の中央に書き込んだこれらの主題に接近しなくてはなりません。そうすれば、これらの主題が何を言わんとしているのか、だんだん明らかになるでしょう。

きょうは、キリストたるイエスの存在そのものについて、いくつかのことをみなさんに話したく思います。そうすれば、このキリストたるイエスという存在が、まさにパウロのなかに決定的な仕方で映ったのが分かるでしょう。

太陽系の進化を太古の太陽存在まで遡ると、キリスト存在が理解できることを、私たちはこれまでの講義から知っています。いまではすでに公開されている、さまざまな講義録のなかで、キリスト存在は高次の霊的存在であるということに、注意を促してきました。

私たちはキリスト存在を、さしあたって、高次の霊的存在と呼ぼうと思います。この高次の霊的存在自身の進化にとって、太陽時代が特に重要だったことに、私たちは注意を向けてきました。この点について、いまはさらに進もうとは思いません。私たちは単に、キリスト存在を一柱の高次の霊的存在として眺めようと思います。

さて、地上における人間の進化を理解するためには、まだ他のことが必要です。第四ポスト・アトランティス時代に、キリストたるイエスという存在を理解しようと努めた概念と理念は、事実に対して無力であったと判明します。特に紀元後数世紀間、グノーシス主義者たち、使徒時代の教父たち、キリスト教の成立にいろんな形できっかけを与えた人物たちに、ある問いが繰り返し現われました。「キリスト存在はイエスという存在と、どう関係しているのか」という問いです。

二人のイエスが成長していったことを、私たちはすでに知っています。一方のイエスについては、人智学《アントロポゾフィー》の前提条件から容易に理解できるので、さらに取り上げる必要はありません。

私が言っているのは、ゾロアスターの個我を宿したほうのイエスです。すでに第二ポスト・アトランティス時代に高い進化段階に達した人間存在です。彼は第二ポスト・アトランティス時代に、ゾロアスター教の流れを築きました。

やがて彼は、ソロモン系のイエスのなかに受肉し、そのなかで一二歳まで成長していきました。当時の人類に可能だった進化を、この高次の個我は遂げていきました。このゾロアスターの個我が、もう一人のイエスの身体のなかに移っていったことも、私たちは知っています。そちらのイエスのことは「ルカ福音書」のなかに記されています。ナタン系のイエスです。

このナタン系のイエスを、私たちは少し考察しなくてはなりません。言葉を厳密に使うと、このイエスにおいて私たちは、ほかの人間存在とは異なった存在に関わることになります。この存在が以前に、地上のだれかの個体のなかに受肉したことがある、と語ることはできません。

精神世界から地上に下った心魂から、なにかがあとに残って、地上の人間個人のなかで生きた、と私たちは強調してきました。この、あとに残ったものが、ナタン系のイエスのなかに現われたのです。

ナタン系イエスについて、ほかの人間のように、前世をとおして進化した個我が生きていた、と言うことはできません。私が『神秘学概論』（邦訳、イザラ書房、筑摩書房、人智学出版社ほか）に書いたことから明らかになりますが、ナタン系のイエスは以前には人間として地上を歩んだことはない、と認める必要があります。

いまは、「ナザレのイエスと呼ばれる存在は、以前、なんらかの形で地球進化と結び付いていたのか」と、考えてみることにしましょう。地上に受肉した存在と力だけでなく、高次の神霊存在たちに属する霊的存在と力も、地球進化に結び付いています。なにかが実質のなかに残留して、その実質が個々の人間の心魂に分配され、そして、ナタン系イエスとして生まれます。

そのように語ることによって、この存在は以前には地球進化と関係を持っていなかった、と言っているのではありません。以前に、人間として地上を歩むという形で、地球進化・人類進化に関係したことはない、と言っているのです。この存在と地球進化との関係を、私たちはどのように考えるべきでしょうか。

このナタン系イエスの進化を、私たちは物質的な地球進化のなかに探求してはなりません。霊的な領域のなかに探求しなくてはなりません。以前は地上的でなかったもののなかに探求しなくてはなりません。私がしばしば語ってきた明視的観察には、つぎのようなことが明らかになります。

『神秘学概論』に書かれていることを思い出してみましょう。レムリア[35]時代から、一組の夫婦を例外として、人間の心魂はしだいにさまざまな惑星から下ってきました。そして、アトランティス時代全般をとおして、人体に受肉していきました。地球の周囲の宇宙から心魂が下ってきて、さまざまな時点で、改新された地上での進化を始めた、と私たちは考えなくてはなりません。

　レムリア時代以前に、心魂が他の惑星に退いたことを、私たちは知っています。そして、人間の心魂が、地上に下ったあとルシファー[36]（堕天使）の誘惑、のちにはアーリマン[37]（サタン）の誘惑にさらされたことも、私たちは知っています。人間の心魂は身体のなかに入り、地球進化の経過のなかで、二つの霊的な存在の誘惑にさらされたのです。

　人間の心魂が惑星からふたたび地上に下ってきて、ルシファーとアーリマンの影響にさらされるということのほかに何も起こっていなかったら、輪廻していく地上の人間に、『神秘学概論』のなかではまだ示唆していないことが起こったことでしょう。現代では、すべてを即座に公開することはできません。これらの人間たちは、まず諸惑星から下ってきて物質的身体のなかに入り、感覚の発展の危険にさらされたことでしょう。

　人間の心魂が、滞在していた惑星から地上に下ってきて、人体をまとい、すべてが順調に進んだのだろう、と思い描いてはなりません。ルシファー原理とアーリマン原理が人間のなかで支配していたので、人間本来の進化を受け入れることが可能なようには、人体は整えられていませんでした。人体が感覚に関して心魂に与えた力を、心魂がそのまま利用していたら、人間の心魂は自らの感覚を、風変わりな方法で利用していたにちがいありません。人間には本来不可能な方法で利用しなくてはならなかったでしょう。

これを、私はつぎのように説明しようと思います。心魂が人体に入るに際して、たとえば目は、ある色を見たとき、色の知覚から印象を受けたり、刺激されたりしただけではありません。そうではなく、至福に貫かれるのを感じたり、激しい快感に貫かれたりというように、目は印象を受けたことでしょう。目は、ある色には文字どおり快感に燃え上がり、別の色に対しては、猛烈な反感に襲われ、苦痛を感じたことでしょう。

ルシファーとアーリマンの影響によって、身体は諸惑星から下ってきた心魂のために、正しい住処として自らの感覚を差し出すことができませんでした。感覚の反感と共感に、人間は苦しめられていたことでしょう。色を見るたびに、絶えず、快感にこの上ない幸せを感じたり、反感に苦しめられたりしながら、人間は世界を進まねばならなかったことでしょう。至福を感じたり、恐ろしい苦痛に弾き返されたりしたことでしょう。

進化全体がそのような方向を取り、そのように宇宙の力が作用したことでしょう。特に太陽が地上に作用し、感覚がそのような方法で形成されたでしょう。冷静な叡智で世界を静観することは不可能だったでしょう。

ある変化が、宇宙的な力のなかで生じなくてはなりませんでした。その力は周囲の宇宙から地球に流れ込んで、人体の感覚を構築・形成しました。神霊世界で何かが起こって、人間の感覚を単に反感と共感の器官にする力は防がれました。何も起こっていなければ、ルシファーとアーリマンの影響下に、人間の感覚は反感と共感の器官になっていたでしょう。この理由から、つぎのようなことが起こりました
いま私たちが話題にしている存在は、最初は、惑星から地球へと下る道を選びませんでした。のちにナタン系のイエスとして出現する存在、太古に暫定的に神霊世界のなかにとどまった存在は、高次の神霊存在たちの世界のなかにいたときに、神霊世界でしばらくキリスト存在に貫かれることができるような進化をたどろう、と決意をしました。

ですから、私たちは一般の人間を取り扱っているのではありません。こう言ってよければ、神霊世界に生きていた超人的存在に関わっているのです。この存在は、神霊世界に助けを求める人間の感覚組織の悲嘆の叫びを聞きました。そして、助けを求める人間の叫び、悲嘆の叫びを受け取って、自分をキリスト存在に浸透されるのに適したものにしました。

こうして神霊世界で、のちにナタン系イエスとなる存在が、キリスト存在に霊的に浸透されました。そして、宇宙の力を変化させて、感覚を構築するために流し込みました。それら

の器官が、単なる共感・反感の器官から、人類が必要とする器官になるような仕方で、宇宙の力を流し込みました。

　こうして人間は、あらゆる感覚知覚のニュアンスを、叡智をもって眺めることができるようになりました。この出来事がレムリア時代に神霊世界で起こっていなかったら、感覚を構築する宇宙の力は、まったく異なった方法で人間にやってきていたことでしょう。

　ナタン系イエスとして現われる存在は、当時はまだ太陽に住んでおり、地上の人類の悲嘆の叫びを聞きました。そうして、太陽神霊に貫かれることができました。この存在が太陽神霊に貫かれたことによって、太陽の作用は穏やかにされ、太陽の作用の本質的な結果である人間の感覚器官は、単なる共感・反感の器官にはなりませんでした。

　こうして、私たちは重要な宇宙の秘密に触れました。この秘密を知ることによって、のちに起こった多くのことを、私たちは理解できます。いまや、人間の感覚の世界のなかに、秩序と調和、叡智に満ちたものが入ってくることができました。そして、進化はしばらくのあいだ順調でした。人間の感覚に対するルシファーとアーリマンの最悪の活動が、上方の世界から撃退されたのです。

　のちに、進化がそのまま進んでいたら、人体がふたたび不適切なものになりえた時代がやってきました。アトランティス時代のことです。しばらくのあいだ、有用な方法で進化したもの、人間の生命器官とその力、エーテル体が混乱に陥りました。

人間の生命器官・呼吸器官・循環器官などを整える宇宙的な力は、地球の周囲からやってきます。この力がルシファーとアーリマンの影響を受け、生命器官が地上の人間存在に役立たないものになりかかったのです。そうなっていたら、生命器官はまったく奇妙な姿を取ったことでしょう。

生命器官を育成する力は、直接太陽から発するのではありません。古代に「七惑星」と言われていたものから発するのです。宇宙から、諸惑星の力が人間のなかに作用しました。いまや、人間の生命器官を生み出す宇宙的な力も、和らげられる必要がありました。

この宇宙的な力がアーリマンとルシファーの影響下に処理されて、進化が進んでいたら、人間の生命器官は強欲の器官か、吐き気の器官にすぎなくなっていたでしょう。たとえば、人間は単に食べることができず、ある食べものには激しい欲望をもって突進し、べつの食べものには恐ろしい嘔吐感が込み上げてきたことでしょう。私たちが明視的に宇宙の秘密に突き進もうと試みると、このような宇宙の秘密が明らかになります。

人間を荒廃させる作用が入ってこないように、ふたたび神霊世界で何かが起こらねばなりませんでした。のちにナタン系イエスとして出現する存在、太古に太陽に住み、高い太陽霊・キリスト存在に浸透された存在が惑星から惑星へと進み、人類進化を妨げるものに、内面で触れます。

この存在はつぎつぎと、さまざまな惑星に受肉しました。そこで体験したものが、この存在に強く作用し、アトランティス進化のある時期に、この存在はふたたびキリスト神霊に貫かれました。この存在がキリスト神霊に貫かれたことをとおして、人間の生命器官に節度が植え付けられる可能性が現われました。以前に感覚器官が冷静な叡智を受け取ったように、いまや生命器官が節度を受け取りました。

こうして、ある場所で呼吸すると強欲に息を吸い込み、ほかの空間では吐き気によって突き返されるということが、もはやなくなりました。適度な器官で、世界に立ち向かえるようになりました。これが、ナタン系イエスが神霊世界で高い太陽神霊・キリスト神霊に貫かれて成し遂げた行為でした。

人類進化のさらなる経過のなかで、第三の事件が生じました。地上で可能だった身体にのみ、心魂が引き続き入らねばならなかったら、人類進化に第三の混乱が生じていたことでしょう。

このときまでは身体は本質的に整えられていた、と私たちは言うことができます。超感覚的世界におけるキリストの二度の行為によって、人間の感覚器官は整えられ、人間は身体を適切な方法で地上で用いることができました。生命器官も整えられて、人間は身体を適切な方法で用いることができました。

しかし、心魂器官は整えられていませんでした。なにも起こらなければ、人間の心魂器官は混乱に陥っていたことでしょう。思考・感情・意志が混乱に陥っていたことでしょう。意志・思考・感情などが、つねに撹乱されていたことでしょう。人間は絶えず、心魂器官、思考・感情・意志を混沌とした形で用いるようになっていたことでしょう。意志の過剰によって荒れ狂ったり、抑制された感情によって朦朧としたり、思考の肥大によって軽薄な理念の人間になっていたことでしょう。これが、人間が地上で直面した第三の危険でした。

この心魂の三つの力、すなわち思考・感情・意志が、地球の周囲の宇宙から整えられます。地球そのものは本質的に、個我の整頓のための舞台だからです。心魂の三つの力、思考・感情・意志の適切な協同が、いまや全惑星からではなく、太陽・月・地球のみからもたらされねばなりません。

心魂の三つの力が、太陽・月・地球の適切な協同によって整えられねばなりません。太陽・月・地球の協同が調和的であると、人間の思考・感情・意志も調和的な協同へと導かれます。

これらの力に関しても、神霊世界からの救いが必要でした。のちにナタン系イエスになる存在の心魂は、ある宇宙的な心魂形態を受け取りました。彼の生命は地上にも月にも太陽上にもなく、地球の周囲を巡りながら、太陽・月・地球の影響に同時に依拠している、と感じました。

地球の影響は、下方から上ってきました。月と太陽の影響は、上方から下ってきました。月が地球を巡る領域のなかで、この存在は進化の全盛期を迎えた、と明視的な意識には映ります。「月の影響が上方からやってきた」と言うのは、正確ではありません。月の影響は本来、地上に下るまえのナタン系イエスがいた場所からやってきました。

危機に襲われた人間の心魂の思考・感情・意志が、ふたたび彼に叫びを発しました。彼は自らの内面で、人類進化の悲劇を感じようとしました。そうして、彼はふたたび高い太陽神霊を呼びました。太陽神霊は三度、彼を霊的に貫き、彼に下りました。このように、宇宙の高み、地球外でナタン系イエスは、私たちがキリストと呼ぶ高次の太陽神霊に三度浸透されました。

第一・第二の浸透とは異なった方法で、三度目の浸透について述べたいと思います。この三段階の精神的・天上的進化は、アトランティス後のさまざまな民族の世界観のなかに反映しています。すべてが作用を続け、のちにナタン系イエスとなった存在がレムリア時代にキリスト存在に浸透されたことによって発生した作用がとどまりました。その作用は、太陽の活動のなかにとどまりました。ゾロアスターの秘儀参入は、この作用を受けた太陽の活動を受け取るものでした。こうして、ゾロアスターの教えが生まれました。その教えは、太古の時代に起こったことが、彼の心魂のなかに投影され、開示したものです。

のちにナタン系イエスとなる存在が諸惑星を巡っていたときに太陽神霊に貫かれたことによって発生した作用を心魂が内的に体験し、その作用が心魂のなかに反射されたことによって、ポスト・アトランティス第三文化期、すなわちエジプト・カルデア文化期の一部は発生しました。そこでは、惑星の作用についての科学が発生しました。カルデアの占星術です。カルデアの占星術について、今日、人々はわずかしか知りません。

ポスト・アトランティス第三文化期、すなわちエジプト・カルデア民族において、星が礼拝されました。それについては、表面的・顕教的にしか知られていません。星の礼拝は、惑星の作用によって和らげられたものが、のちの時代に輝き入り、作用を残したことによって発生したのです。

さらに、キリストに浸透された存在が諸惑星を巡ったことによって、さまざまな惑星上に発生した惑星神霊たちの反映を、ポスト・アトランティス第四文化期、つまり古代ギリシアにおいて人々は知覚しました。彼は木星では、のちにギリシア人がゼウスと名付けた存在になりました。火星では、彼らがのちにアレスと名付けた存在になりました。水星では、ギリシア人がヘルメスと名付けた存在になりました。

キリストたるイエスが超感覚的世界で、ルシファー原則とアーリマン原則に貫かれた惑星存在たちから作ったものが、ギリシアの惑星神たちのなかに反映しました。ギリシア人は神々のいる天を見上げるとき、そのなかに、個々の惑星におけるキリストたるイエスの活動の輪郭と反射像も見ました。

アトランティス後期に、イエスが超感覚的存在として、太陽・月・地球との関連で体験したものの反映と陰影が、第三のものとしてやってきました。その特徴を述べようとするなら、「天使のような存在の心魂のなかにキリストは浸透した」と言うことができます。キリストに関して言うなら、キリストはナザレのイエスのなかに受肉しました。

この神霊世界のなかで生起する出来事について、「キリストが、天使のような存在の心魂のなかに浸透し、その結果、思考・感情・意志が秩序正しく経過するようになった」と、私たちは言います。それは重要な出来事でした。この出来事は、人間の心魂の進化を整えました。

第一と第二のキリスト事件は、人間の身体状態と生命に関連する状態を整えるものでした。第三の行為のためには、超感覚的世界において何が起こらねばならなかったでしょう。

この第三の事実の反映をギリシア神話のなかに探すと、みなさんには表象しやすくなるでしょう。

惑星神霊たちが、ゼウス[38]、アレス[39]、ヘルメス[40]、ウェヌス[41]、アフロディテ[42]、クロノス[43]などとしてギリシア神話のなかに投影されているように、第三の宇宙的出来事はギリシア神話のみならず、さまざまな民族の神話のなかに反映されました。本体を反射像と比較すると、どのように反映されたのかが理解できます。宇宙で外的に生じたものを、ギリシアに残った作用と比較するのです。

上方、宇宙で何が起こったのでしょう。人間の心魂を乱雑に掻き回していたはずのものが、追い払われねばなりませんでした。それは克服されねばなりませんでした。人間の心魂から追い払わねばならないものを、人間の心魂から押し出し、打ち勝つという行為を、キリストに浸透された天使のごとき存在が果たさねばなりませんでした。その行為をとおして、思考・感情・意志のなかに調和と秩序が存在できたのです。人間の心魂のなかに混沌・無秩序をもたらしたであろうものが、人間の心魂のなかで征服されねばなりませんでした。それは追い出されねばなりませんでした。

こうして、天使のごとき存在の像、のちにナタン系イエスとなる存在の像が、私たちに現われます。その像を、いきいきと私たちの心眼のまえに据えましょう。その存在の心魂は、キリスト存在に浸透された姿で私たちに現われます。そうして、彼のなかで暴れ、混沌を引き起こしていたであろう龍を、思考・感情・意志から放り出すという、特別の行為がなされました。

その記憶は、龍に打ち勝つ聖ゲオルグ[46]のイメージとして、世界に広まりました。キリストがイエスの心魂に浸透して、人間の心魂の本質から龍を追い出すことを可能にしたという超感覚的な出来事を、聖ゲオルグと龍が反映しています。

これは、キリストの助けによって、当時は天使のような存在だったイエスのなかで可能になった、意味深い行為でした。実際に、この天使のような存在は龍の本性と結び付かねばならなかったからです。人間の心魂に龍を寄せ付けないために、龍の姿を受け取らねばなりませんでした。龍のなかで活動して、龍を純化し、龍を混沌から調和のなかへともたらさねばなりませんでした。龍の教育・調教が、この存在の課題でした。

たしかに龍は活動的でしたが、龍のなかに作用が注ぎ込まれたことによって、この龍は多くの啓示の担い手になりました。それらの啓示が、アトランティス後の地上の文化全体に広まっていきました。龍の混沌が、荒れ狂う人間、朦朧とした人間のなかに現われる代わりに、ポスト・アトランティス時代の原初の叡智が現われました。

キリストたるイエスは龍の血を利用して、人間の血に浸透しました。こうして、人間は神的叡智の担い手になる可能性を得ました。顕教的にも、紀元前九世紀から、ギリシア神話に反映されたかたちで、この出来事が私たちに現われます。

ギリシア文明において、神々の形姿から一柱の神の形姿が成長してきたのは独特のことです。ギリシア人が多くの神々を崇拝していたことを、私たちは知っています。これらの神々は、のちのナタン系イエスがキリストとともに諸惑星を歩んだ際に発生した存在たちの輪郭・投影でした。

ギリシア人は宇宙の彼方を見上げ、光エーテルを見たとき、神々を見たのです。彼らは木星を霊的・内的に原初のものと見て、ゼウス（ユピテル）について語りました。そのように彼らは、パラス・アテナについて、アルテミスについて語り、いま述べた存在の輪郭である、さまざまな惑星神たちについて語りました。

しかし、さまざまな神々についての見解から、一柱の神の姿が成長しました。アポロンの姿です。独特の方法で、アポロンの姿が成長してきました。ギリシア人たちはアポロンのなかに、何を見たのでしょうか。

パルナソス山とカスタリアの泉を眺めると、私たちはアポロンに出会います。カスタリアの泉の西に、地の裂け目が開いています。そこにギリシア人は神殿を建てました。

以前は、その地の裂け目から蒸気が上っていました。空気の流れが正常だと、その蒸気は蛇のように、龍のように山脈を取り囲んでいました。地の裂け目から昇る激しい蒸気＝龍を見て、ギリシア人は矢を射るアポロンを表象しました。龍に矢を放つ聖ゲオルグは、ギリシアのアポロンの地上的な映像として、私たちに現われます。

アポロンが龍ピュトンに打ち勝ったとき、神殿が建立されました。そして、ピュトンに代わって、蒸気が巫女ピュティアの心魂のなかに向かったのを、私たちは見ます。荒々しい龍の蒸気のなかにアポロンが生きている、とギリシア人は思い描きました。そのアポロンの神託は、ピュティアの口をとおして与えられました。

自己意識的な民族であるギリシア人は段階を上昇して、心魂を準備しました。そして、龍の蒸気に貫かれたピュティアをとおしてアポロンが告げることを受け取りました。つまり、アポロンは龍の血のなかに生き、カスタリアの泉から取り出される叡智を人間に染み込ませました。その場所は、神聖な劇と祭りの集まりの場になりました。

なぜ、アポロンはそのようなことができたのでしょうか。アポロンとは何でしょうか。彼は春から秋までのみ、龍の血から叡智を立ち上らせました。秋になると、彼は故郷である極北の地、ヒュペルボレアス[47]に移りました。春になると、北からやってくる彼が迎えられます。

アポロンが北に行くことには、深い知恵が秘められています。物質的な太陽は南に移ります。霊においては、いつも反対です。アポロンが太陽と関係することが示唆されているのです。

アポロンは、私たちが話してきた天使のごとき存在です。アトランティス時代の終わりに、キリストに心魂を貫かれた天使のごとき存在の姿が、ギリシア人の心情のなかに投影されたのです。キリストに心魂を貫かれた天使が、ギリシア人の心情のなかに投影されたのがアポロンです。

アポロンはピュティアの口をとおして、ギリシア人に叡智を告げました。ギリシア人にとって、このアポロンの叡智のなかにすべてが含まれていました。最も重要な機会に、叡智がはっきりと述べるものによって、いろんな対策が取られました。人生の困難な機会に、人々は心魂をよく準備して、アポロンのところに行きました。そして、蒸気に刺激されたピュティアの口をとおして、予言を聞きました。その蒸気のなかには、アポロンが生きていました。

ギリシア人にとって、治療家[48]アスクレピオスはアポロンの息子でした。アポロンは治療神・治療者でした。キリストを内に宿した天使を小さくしたものが、地上における治療者、あるいは地球の治療者です。アポロンは一度も物質的に受肉しませんでした。アポロンは地球元素をとおして作用しました。

そしてアポロンは、ムーサ[49]（ミューズ）たちの神、なによりも歌と音楽の神でした。どうしてでしょう。無秩序になろうとしていた思考・感情・意志の協同を、彼は歌・弦楽のなかに存在するものをとおして整頓するからです。

アトランティス時代の終わりに起こったことが、アポロンのなかに投影されているということを、私たちはしっかり把握しておかねばなりません。霊的な高みから人間の心魂のなかに働きかけたもののかすかな余韻が音楽のなかに響いています。

ギリシア人は、アポロンの守護の下に、音楽芸術を育成しました。キリストに浸透された天使存在が天の高みで育成した、思考・感情・意志の調和が地上に反映したものが音楽芸術である、とギリシア人は知っていました。彼らは、そうは語りませんでしたが、それが大事だということが密儀のなかで知られました。

アポロンの密儀において、「かつて、高次の神存在が天使の位階の存在に浸透した。それが思考・感情・意志に調和をもたらした。その残照が音楽芸術である。たとえば弦の響きのなかに注がれる音楽が、特にアポロン的芸術である」と、ギリシア人は告げられました。

笛や吹奏楽器が奏でるものは、アポロン的とは見なされませんでした。吹奏楽器よりも元素にアピールすることが少ないもの、人間による演奏のみで十分なもの、つまりアポロンの弦のなかに響くものが心情を調和させる音楽的作用だ、とギリシア人は思いました。

アポロンの音楽を特に好まず、十分に評価しない人々は、アポロン的原則に対する鈍感さのしるしが身体に現われている、とギリシア人は言いました。それらの人々の身体は、先祖返り的に以前の段階にとどまっていることを示す姿になりました。

特別に長い耳を持って生まれたら、奇妙なことです。ミダス王[50]がそうでした。「ミダス王は生まれるまえに、キリストに浸透された天使のごとき存在をとおして世界に到来した作用に正しく帰依しなかったので、地上で驢馬の耳を得たのだ。だから、彼は驢馬の耳をしているのだ。彼は弦楽器よりも吹奏楽器を好んだために、驢馬の耳になったのだ」と、ギリシア人は言いました。

皮を剥がれた森[51]の神マルシュアスの名で知られている神話のなかで、「皮膚のない子どもが生まれた」と語られています。「生まれるまえに、天使のごとき存在から発するものを傾聴しなかったから、そうなったのだ」と、人々は言いました。秘教的に観察すると、マルシュアスは生き皮を剥がれたのではなく、皮膚なしに生まれたということが明らかになります。彼は、生まれるまえに罪を犯したのです。

ギリシア人が作った植民地の多くに、「アポロニア」という名前が付いています。その地を植民地にすべきかどうか、ピュティアから助言を得たからです。ギリシア人は、都市の自由を保ちました。国家による統一はなされませんでした。アポロン神をとおして、理想が統一されました。のちにアポロンのために、諸国家の同盟が作られました。

ギリシア人はアポロンと名付けた神のなかで、私たちが述べてきた存在を崇拝したのです。「アトランティス時代の終わりに、ギリシアではアポロンと呼ばれることになる存在の心魂に、キリストが浸透したのだ」と、私たちは言うことができるでしょう。

実際のところ、アポロンとは何なのでしょうか。ギリシア人が崇拝した影絵ではなく、アポロンそのものは本来何なのでしょうか。アポロンは、高次の世界から心情を癒す力を流し込み、ルシファーとアーリマンの力を無力にした超感覚的存在です。その結果、人体において、脳・呼吸・肺と喉頭・心臓との協同が、歌に投影されました。脳・呼吸・言語器官と心臓との正しい協同は、思考・感情・意志の正しい協同を身体的に表現するものです。

治療者、超感覚的な治療者がアポロンです。私たちは、彼の三段階の進化を見ました。アポロンの原型となった治療者は地上に生まれ、イエスと名付けられました。「イエス」とは「神をとおして治療する者」という意味です。神をとおして治療する者が、ナタン系イエス、イェホシュア、イェシュア、イェシュ、イェススです。

さて、彼は第四段階でキリスト存在に貫かれ、個我に貫かれるまでに成熟します。それはゴルゴタの秘儀をとおして生じました。ゴルゴタの秘儀が起こっていなかったら、人間の心魂はさらなる時の経過のなかで、個我の力を適切な方法で表現できる地上の身体に受肉していなかったでしょう。宇宙的な時間をとおして発展してきた存在が、キリスト存在に貫かれなかったら、人間の心魂は個我の力を適切な方法で表現できる身体を地上に見出していなかったでしょう。

ゾロアスターにおいて、個我は最高度に進化しました。個我へと進化した心魂は、ゴルゴタの秘儀が生じていなかったら、本当の進化に適した身体を地上に見出すことができなかったでしょう。

人間に調和をもたらした四つの段階があったわけです。感覚のいとなみの調和、生命器官の調和、思考・感情・意志の調和、そして個我における調和です。個我のなかの調和は、ゴルゴタの秘儀によってもたらされました。

さて、みなさん、ナタン系イエスとして生まれた存在と、キリスト存在との関係です。みなさんは、この関係がどのように用意されたか、ご存じです。今日、本当の人智学によって明らかにできるものをとおして、キリスト存在とナタン系イエスという人間存在との協同・相互関係のあり方を把握することが可能です。

ゴルゴタの秘儀が遂行された時代の思考と理念のいとなみには理解が不可能だったものが、今後ますます多くの人に把握可能になるかどうかに、未来の健全な精神生活が掛かっています。

35【レムリア時代】
中生代（三畳紀、ジュラ紀、白亜紀）、古生代（カンブリア紀〜）に相当。

36【ルシファー（堕天使）】
心魂の下部に存在し、内側から人間に作用する存在。太陽神霊と人間の中間の半神であり、月進化期に進化を完成しなかった天使、大天使（ルシファー存在はセラフィムの位階まで存在する）。ルシファーが高次の存在に反逆したことによって、人間は外的な啓示から独立した内面のいとなみの可能性と悪の可能性を得た。

37【アーリマン（サタン）】
古代ペルシア宗教においては、善なる光の神アフラ・マズダに対抗する闇の力。人間に世界の精神的土台を隠し、外界を単なる物質と考察させ、精神的なものに対する恐れを引き起こす。

38【ゼウス】
ギリシア神話の主神。天候、特に雷を司る天空神。木星に関係付けられる。古代ギリシアでは太陽神霊の指導者、無限のエーテル、内的に活気づく存在と見られた。

39【アレス】
ギリシア神話の神で、戦さを司る。火星に関係付けられる。

40【ヘルメス】
ギリシア神話では、商人、旅人、泥棒などの守護神とされ、水星と関係付けられる。人智学ではエジプト文化の導師。前世でゾロアスターから空間の秘密を学び、ゾロアスターのアストラル体を継承した。

41【ウェヌス】
『魅力』の意。ローマ神話の女神。本来は囲まれた菜園を司る神。

42【アフロディテ】
愛と美と性を司るギリシア神話の女神で、金星と関係付けられる。

43【クロノス】
ギリシア神話で、天空ウラノスと大地ガイアの子（ゼウスの父）。土星と関係付けられる。

44【パラス・アテナ】
ギリシア神話の知恵と勝利の女神。軍神であると同時に学問・工芸等を保護し、ギリシアの都市アテナイで崇拝された。オリュンポス十二神の一柱。

45【プロメテウス】
人類に「火」を与えたとされるギリシア神話の神。そのため主神ゼウスの怒りを招き、生きながらにして毎日肝臓を禿鷹についばまれるという苦しみを受ける。

46【聖ゲオルグ】
ゲオルギウス。キリスト教の聖人の一人。ドラゴン退治の騎士。イングランドとグルジアの守護聖人。

47【ヒュペルボレアス】
ギリシャ伝説で、極北の果てに住む、アポロンを崇拝する至福の民族。苦悩を知らず平和的で敬虔な不死の民。アポロンが白鳥の車に乗って彼の地を訪れ、冬を彼らと共に過ごす。

48【治療家アスクレピオス】
ギリシア神話に登場する名医。死者すら蘇らせ、後に神の座についたとされることから、医神として現在も医学の象徴的存在。

49【ムーサ（ミューズ）】
ギリシア神話で文芸（ムシケ、ムーシケー）をつかさどる複数の女神。ヘシオドスの『神統記』

によれば、大神ゼウスとムネモシュネ（記憶の意）の娘。

50【ミダス王】
ギリシア神話に登場。フリュギアの王。ゴルディオスとキュベレ女神の子。「王様の耳はロバの耳」の王様。

51【森の神マルシュアス】
ギリシア神話に登場する半人半獣の自然の精霊、サテュロスのひとり。アポロンとの音楽戦に負け生皮剥の罰を受ける。

ユダヤ民族

地上の人類進化のためにゴルゴタの秘儀をとおして生じるべきだったものが、どのような方法で準備されたかを、きのう話しました。高次の位階の存在が三度、キリストに浸透されたことを話しました。ゴルゴタの秘儀の遥かな予告のように、アトランティス時代の終わりに生じたことの余韻が、ギリシアのアポロンという現象のなかに響いていると語りました。

そのように人類進化のなかに入り込んだものが、どのような方法で作用したかを探求するのが、私たちの課題です。そのために、三重のキリスト事件の余韻・残響として、アトランティス後の時代に現われた世界観の基本性格を述べることが、まず必要です。その出来事はアトランティス時代の終わりに終結したと、きのう述べました。

一度、アトランティス時代後に発生した世界観の基本性格に沈潜してみましょう。私がきのう話したことすべてをとおして、人間の心魂のなかに響く余韻のように、アトランティス時代後の世界観は発生しました。アトランティス時代後の世界観は、三重のキリスト事件がアトランティス時代後の人間の心魂のなかに反映したものです。

私たちがこの視点から、第一ポスト・アトランティス時代について費やす言葉は、わずかで十分です。第一ポスト・アトランティス時代の性格については、別の観点から、しばしば述べてきました。第一ポスト・アトランティス時代は、精神性に関して、アトランティス時代後の最高の文化期であったということだけを、ここでは述べておくべきです。しかし、聖仙とその信奉者たちの心魂が受け取ったのは、ゴルゴタの秘儀にわずかしか浸透されていないものでした。

三重のキリスト事件の直接的な作用として現われる最初のアトランティス後の世界観は、ゾロアスター（ザラスシュトラ）の衝動の下に発生した世界観です。

言葉は今日では、抽象的で無味乾燥で、衒学的に響くようになりました。そのように使用されている言葉を、私は用いなくてはなりません。ほかの言葉は見つかりません。私がみなさんにお願いしたいのは、私がここで用いる言葉は、今日の無味乾燥の科学が用いる言葉と同じですが、はるかに精神的なことを意味している、と理解してほしく思います。私はゾロアスターの世界観を、「年代学」の世界観と名付けたく思います。アフラ・マズダ（オフルマズド）とアーリマン（アフリマン、アンラ・マンユ）という両存在の上に、ゾロアスターはズルヴァーン、つまり時間の作用を見上げました。私たちが今日把握しているような抽象的な時間ではなく、生命的な超人的存在である時間です。私たちはこの存在を「時間」という言葉で把握しなくてはなりませんが、この存在から時間の統治者たちが発する、とゾロアスターは見ます。

まず、宇宙空間で黄道十二宮によって象徴される神霊存在、アムシャ・スプンタです。彼らは六柱あるいは、対峙する者を加えれば一二柱おり、アムシャ・スプンタの下に立つ、二八から三一のヤザタを制御しています。彼らは低次の霊たちであり、高次の時間存在に仕える者です。彼らは一カ月のなかで、日々を規整します。これらの力が宇宙のなかに生み出す素晴らしい調和を、ゾロアスターは見ました。

その調和は、二八〜三一対一二という数で成り立つ関係によって象徴されます。偉大な宇宙オーケストラのなかで、この数の関係において楽器が共鳴することをとおして、宇宙のなかに流れ込み、波立つものを、ゾロアスターは見ます。これをゾロアスターの世界観は、秩序づけるもの、宇宙秩序を調和させるもの、と考察しました。

この状態を、私は示唆したく思います。それは創造すると同時に消し去るものです。世界を観照すると同時に霊的に消化して、次の段階にもたらします。

ゾロアスターの世界観では、「時間」のなかに生命的なもの、超人的なものを見ます。ですから、私たちは言葉の意味を通常よりも高めて、この世界観を「年代学《クロノロジー》」と名付けることができるでしょう。そのように言うとき、私たちは時間を支配する神クロノスのことを考えます。

ついで、第三ポスト・アトランティス時代に到ります。この時代には、星々から輝く力に刺激されて、心魂が自らを認識するに到ったと、きのう述べました。もはや、超感覚的な領域で支配する時間存在のなかに宇宙の秘密が見られたのではありません。宇宙の秘密は、すでに感覚存在のなかに入り込みました。

人間は、感覚存在のなか、星々の運行のなか、星々が宇宙空間のなかに書き込んだ文字のなかに、調和をもたらすもの、宇宙事象に旋律を与えるものを見ました。この世界観を私は「占星学」と呼びたく思います。年代学に占星学が続くのです。

ゾロアスター教の「年代学」、エジプト・カルデアの「占星学」は、アトランティス崩壊前の三度のキリスト事件の秘密から刺激を受けたものです。

古代ギリシア、あるいはギリシア・ラテン時代には、何が起こったでしょうか。古代ギリシア・古代ローマだけでなく、その他のヨーロッパ地域に、私がきのう述べたことが通用します。きのうは、個々の場合について解明しようとしましたが、それは西洋全体に通用することなのです。

まだアトランティス時代末期に到っていないころのナタン系イエスの反映であるアポロンを、いかにギリシア人が崇拝したか、もう一度振り返ってみましょう。「ヒュペルボレアスの地、北方からアポロンはデルフォイの神託所にやってきた。夏にピュティアをとおして、彼はギリシア人が聞きたいと思っている最も重要なことを語った。秋に、彼はヒュペルボレアスの地に帰る」と、人々は言いました。

このアポロンの歩みを、人々は太陽の運行に関係させました。しかし、アポロンをとおして語るのは神霊的な太陽なので、物質的な太陽が南に行くのに対して、彼の歩みは北に向かいます。本物の神秘学の光に照らして見ると、神話は無限の叡智に満ちていることが明らかになります。

ギリシア人にとって、アポロンの象徴は星なのではありませんでした。ギリシア人がアポロンを崇拝するとき、その外的な象徴として太陽を見たのではありません。外的な太陽がアポロンを象徴するという意味で、アポロンが太陽神なのではありません。外的な太陽が象徴するのは、天で太陽の運行を調整するヘリオス神です。物質的な次元に関しては、日光をとおして流れ下るもののみが人間に作用します。しかし、太陽は地球に作用するのではありません。

太陽はまず、空気と水のなかに作用します。水蒸気のなか、カスタリアの泉の裂け目から昇る蒸気のなかにも作用します。カスタリアの泉から昇る蒸気は、龍のように近隣の山脈を巡ります。この龍はギリシアにおける聖ゲオルグ的存在に殺されます。

あらゆる元素のなかに、太陽は働きかけます。そして、太陽は地上の元素に染み込み、そこから人間に作用しました。元素霊と呼ばれる従者をとおして、太陽は働きかけます。元素のなかに、太陽神霊はいきいきと働きかけます。この活動を、ギリシア人はアポロンのなかに見たのです。

ギリシア人にとって、アポロンは太陽神でした。しかし、太陽の馬車に乗って天を駆け、一日の時間を規整するヘリオスとは違います。ギリシア人はアポロンを見上げたとき、大気圏における太陽の作用を見たのです。太陽の作用を、ギリシア人は霊的にアポロンとして語りました。

私たちが西洋に見出す多くの神々、霊的存在たちもそうです。嵐のなかを疾走するヴォータンの荒々しい軍勢を示唆すれば十分です。私はほかにも多くのものを示唆できるでしょう。

第四ポスト・アトランティス時代において、何が三重のキリスト事件の影響を受けて、世界観となったのでしょうか。私はふたたび、無味乾燥になった術学的な言葉を用いなくてはなりません。占星学に続いて、気象学が登場します。年代学—占星学—気象学です。「学《ロギー》」はロゴスに関連します。

これらすべてが西洋にもたらされたとき、三重のキリスト事件のもう一つの余韻が、べつの側からアトランティス後の文化全体に流れ込みました。第四ポスト・アトランティス時代の気象学と平行して、第四のものが生じました。それは、ふたたび無味乾燥の衒学的な言葉を使わねばならないのですが、「地質学」です。「学」をロゴスに関連させてください。私たちはどこで地質学を目の当たりにするでしょうか。

ヘブライ[52]文化は地質学的であると理解しないと、この文化の進化の秘密は決して分かりません。私たちはヘブライ文化の進化の秘密を地質学として考察しようと思います。どのようにエロヒム[53]の一群は私たちに立ち向かい、どのようにヤハウェ[54]神は私たちに立ち向かうでしょうか。

ヤハウェは土から取ったもので人間を作ろうとします。土星・太陽・月からやってきたものを、ヤハウェは新しい覆い、土の覆いで包もうとします。ヤハウェは土から人間を作った神です。土の力から、土の元素から、人間を作った神です。ですから、ヤハウェ神の信奉者、ヘブライ民族の叡智は地質学にならねばなりませんでした。土の力から作られた人間の教えは地質学です。

最初の人間の名前が、ヘブライ民族の教えの地質学的性格を表わしてはいないでしょうか。アダム[55]、つまり「土から作られた者」です。

「気象学的世界観を有する諸民族は、人間形成について別様に語る」という重要なことを注視しなければなりません。ギリシアの世界観に目を向けましょう。プロメテウスが人間を作りました。そこにパラス・アテナが来て、霊的な高みから、人間に精神の火をもたらしました。プロメテウスは心魂を、蝶という象徴で形作りました。

ヤハウェ神は人間を土から作りました。自らの進化の経過のなかで地球の主になったヤハウェ神は、自分の実質から、生きた心魂を人間に吹き込みました。こうしてヤハウェは、自分の息をとおして、自分が土から作ったものと結び付きます。彼は自分の息子、自分の生命の息のなか、アダムとその子孫のなかに住もうとします。土の息子たちの覆いとなるものを土から作ることを、ヤハウェ神は自分の課題と見なしました。

先に進みましょう。古代ヘブライ民族が、聖書をとおして伝えているものを、私たちの心魂のまえに呼び出そうと試みてみましょう。

地球がある力を発展させたことを、私たちは強調しました。ゲーテ、[56]ジョルダーノ・ブルーノなどは、この力を人間の呼吸の力と比較しました。地球は、潮の満ち引きを引き起こす呼吸の力を発展させました。この地球の内的な力は、月が地球のまわりを巡るようにしました。水の作用をとおして、地球の力、地球の活動が私たちに向かってきます。水の力に関して、聖書は大洪水を、土人間・アダム創造後の重要な出来事として記しています。

さらに、モーセ[57]の時代に進みましょう。研究すると、いたるところに土の活動が見出されます。杖を持ったモーセが岩のところに行くと、土から水がほとばしり出ます。モーセは山に登ります。山上で土の作用と関連するもの、そして、この山で生じるものは大地の活動です。この山は火山、あるいは少なくとも、火山に類似した山としか考えられません。注目すべきなのはシナイ山ではなく、土の活動なのです。火の柱のなかに、モーセは立ちます。硫黄の立ちのぼるイタリアの丘で紙切れを燃やすと、地面から煙が出てくるのに似ています。そのように、大地の活動、火の煙が山から発するのです。

ユダヤ人は、いつも土の活動のなかに象徴を見ました。彼らを、雲や火の柱が先導しました。地球の活動です。私たちは個々の詳細に、深く入っていけるでしょう。モーセがヤハウェ神の啓示だと語ったもののなかに、土の霊が活動しているのを、私たちはいたるところに見出すでしょう。

モーセが告知したのは地質学です。ギリシアの世界観が気象学であり、ヘブライ民族の世界観が地質学であることを知らないと、ヘブライ民族の世界観とギリシアの世界観の違いを理解できないでしょう。ギリシア人が自分のまわりに展開していると感じるものすべてを、モーセは宇宙から土の元素のなか、地球の周囲の空気のなか、地球付近のものすべてのなかに注がれた力と考えます。

ヘブライ民族が自分を取り囲んでいると感じるものすべては、地球から上方に展開する力に結び付いており、地球に結び付いています。ヘブライ民族の情熱も、荒野の性格に由来します。土とその活動に結び付いたものに由来します。地質学がヘブライ民族の運命を支配しています。地質学、地球の豊饒さが、彼らを約束の地に誘います。

この土の霊と結び付いているという意識が、地上前のキリスト事件の余韻であることを、パウロは知っていたはずです。キリストがユダヤ人の先に立って進み、砂漠の岩から水を湧き出せたことに、パウロは注意を払っているからです。

そして、聖書からヘブライ民族の重要な伝説に進むと、その伝説がここで言う地質学に貫かれていることを、私たちは見出すでしょう。ヤハウェは土から人間を作ったとき、天使を遣わして、地球のあらゆる部分から、さまざまな色の土を集め、地球に属するものすべてをアダムを覆うものに混ぜた、と物語られています。

「人間という存在は地球創造の最高の花・王冠である。そのように人間を地球に位置させるように、ヤハウェは心を配った」と、私たちは今日いうことができるでしょう。

「カルデア人、エジプト人、ゾロアスター教徒、ギリシア人、ローマ人、中欧の民族、北欧の民族にとって、人間において最も重要なのは、神霊世界からやってきたものだ。ユダヤ人にとって、人間において最も重要なものは、土とその力に関連するものだ。ヤハウェは自らを地球を霊的に統べる神と感じる」と、私たちは言うことができます。

第四ポスト・アトランティス時代の最も重要な出来事は、気象学のかたわらに地質学が成立したことだ、と私たちは見なします。その出来事は、古代ユダヤの預言者において、見事に精神的に表現されています。

預言者たちは何を得ようと努めたのでしょう。預言者たちの心魂の深み、イザヤ、エレミヤ、エゼキエル、ダニエル、ヨエル、ヨナ、ザカリアの内面を洞見しようと試みましょう。彼らは何を目指して努めたのでしょうか。

これらの預言者たちの心魂を、本当にとらわれなく研究すると、「彼らは根本的に、心魂のいとなみの前面に、特別の人間の心魂の力を据えようと努めた。そして、ほかのものが心魂のいとなみの深みに下ってくるのを押し返そうとした」ということが見出されます。

すでに注意したように、先に示唆したミケランジェロの作品では、預言者たちは深い思索に耽り、内的な心魂の平静を保っています。「彼らの心魂が没頭しているものは、彼らの地下の根底で、永遠と関連している」ということが分かります。

その対極として、ミケランジェロはシビュラたちを描いています。彼女たちのなかには、土の元素が働きかけています。

あるシビュラの髪は風になびき、青い上衣のなかにも風が吹き込んでいます。この風の影響下に、彼女は予言します。ほかのシビュラは、内面の灼熱に捕らえられています。その手の特徴的なしぐさのなかに、私たちは火、地球の元素を見ます。

彼女たちは、地球周囲の元素から心魂のなかに入り込む心魂の力で生きているのです。シビュラの力は、土元素の霊を心魂のなかに吸収し、その霊を表現します。

このシビュラの力を、古代ユダヤ教の預言者たちは撃退しようとしました。本当に先入観なしに、預言者たちの物語全体を読むと、「預言者はシビュラの特徴を自分のなかで抑えて、現われないようにした」ということが分かるでしょう。それが預言者の修行だったのです。

アポロンは、ピュティアのなかにあったシビュラの特徴のなかに下りました。そして、このシビュラをとおして語ることによって、ピュティアにあったシビュラの特徴を変化させます。

預言者たちも、自分の心魂のなかにあるピュティア的な要素を抑え、個我[58]の明晰な力のなかで活動するものだけを開発しようとしました。地球と結び付いた個我、地球に属する個我、地質学的な要素の対極に位置するのが個我です。シビュラ的な要素が沈黙し、内的な熱狂がすべて止み、それらすべてが抑制されて、完全に落ち着き、永遠の根底のなかを見ます。そうすると、平静さのなかに、永遠の個我が現われます。それを、ユダヤの預言者たちは望みました。

このような心魂の気分から、預言者たちの告知が発します。それは最高度に、地質学に相当します。これらの預言者たちの魅力は、地質学的な要素の流出のように、私たちに響いてきます。

預言者たちの予言とは別のものも、預言者たちの要素が地質学的であることを示します。未来の王国が地上に結び付くべきであり、目下の王国と交替すべきだというのです。預言者たちは地上天国を告げます。このように、預言者たちは密接に地質学に結び付いています。救世主の再来を待望することによって、この地質学的な要素が、初期キリスト教時代にも流れ込みます。救世主は雲から下って、地上に王国を築くというのです。ユダヤの文化のなかに輝くものは、このように地質学として理解するときにのみ、本当に分かります。

それが預言者たちの憧憬であり、彼らが弟子たちにもたらしたものでした。シビュラの要素を抑制するのです。心魂を無意識の深みに導くものすべてを抑制して、個我のなかに生きるものを発展させるのです。

ほかの民族は、ユダヤ人がヤハウェに対して持つのとは異なった関係を、神々に対して持っています。ほかの民族が神々に対して有する関係は、土星時代・太陽時代・月時代における、人間と高次の神霊存在たちとの関係の余韻でした。

ユダヤ民族は、地球時代に発展できたものを特別に形成すべきでした。しかし、個我が自ら神との関係を築くとき、それはどのように表現されるでしょうか。霊感としてではなく、掟・戒律として表現されるのです。道徳的なものも、心魂に神的な力が織り込まれる霊感とは別のものです。十戒のなかに現われている掟の形態は、ユダヤ民族において初めて現われたものです。

学問は、以前にも掟が存在したなどと、他愛もない奇妙な話をまだしています。ハムラビ法典などです。私は、いまは近代の学問の愚かさについて詳しく話していられません。

個我が直接に神に向き合い、神から規範・規則を受け取ります。個我は内的な意志から、その規範・規則に従わねばなりません。このようなあり方は、ユダヤ民族において初めて現われたものです。神が民族と同盟を結ぶのも、ユダヤ民族において初めてなされたことです。

ほかの神々は、心魂の無意識に関わる力をとおして働きます。アポロンはピュティアをとおして活動します。ピュティアの心魂の準備がなされて波立つと、神は心魂に語ることができました。ピュティアの心魂のいとなみが無意識のなかに沈むことをとおして、アポロンは語りました。

それに対して、掟をとおして語るヤハウェ神、民族と同盟・契約を結ぶヤハウェ神は、心魂の個我に直接語りかけます。ユダヤ民族においてしばしば生じたこと、つまり、異教的な民族の活動がユダヤ民族に影響すると、すぐに預言者たちは、やっきになって反対しました。

無意識の力がユダヤ民族のなかに入ってくるべきではなかったのです。すべてが神との同盟に基づき、掟の原則に基づくべきだったのです。そのことを、預言者たちは特に気遣いました。

さて、秘教的な認識が私たちに明らかにするものを、すこし振り返ってみましょう。いま述べたことを振り返ってみましょう。

きのう私たちは、レムリア時代とアトランティス時代に行なわれた、三つのキリストの行為を知りました。キリストが三度、のちにナタン系イエスとして出現する存在に浸透したことを、私たちは知りました。その存在は地上での受肉においてではなく、神霊世界にとどまったかたちで、キリストに浸透されました。そこで生じたことに目を向けると、「アトランティスで起こったことは、東に流れていった」と言わねばなりません。

たとえば、エリアは預言者の一人でした。このエリアはどのような預言者なのでしょう。彼はヤハウェ神に仕えます。彼の心魂のなかに、三つのキリストの行為の余韻が生きるように、彼はヤハウェ神に仕えます。彼の心魂のなかには、「私はなによりもヤハウェの預言者として、ヤハウェのなかにキリストが生きている、と告げる。キリストはのちに、ゴルゴタの秘儀を遂行する」という認識が生きていました。

アトランティス時代の終わりに宇宙で行なった第三の活動とともにキリストは生きる、ということです。キリストに貫かれたヤハウェを、エリアは告げたのです。しかし、キリストはヤハウェに反射されて生きていました。月光が日光を反射するように、ヤハウェはキリストのなかに生きた存在を反射します。キリストは自らの本質を、ヤハウェ（エホヴァ）から放射します。

三つのキリストの行為の作用の名残りのなかで、エリアのような使者が精神的に活動しました。彼はナタン系イエスのまえにやってきました。このイエス存在は、まず霊的に西から東に移り、二人のイエスのうちの一人として生まれます。これを、あらゆる民族が予感しました。その予感は、気象学が地質学に触れられたとき、気象学から生じたものです。

キリスト教の拡張にとって非常に重要になった場所に、予告された事件の一つが起こったことを、私たちは体験します。前アジアのさまざまな地域、ヨーロッパにも、キリスト事件、ゴルゴタの秘儀を予告する祭りが祝われたのを、私たちは見ます。アドニス[59]崇拝、アッティス[60]崇拝は、正にゴルゴタの秘儀の予言・予告です。これらの祭りを正しく見ると、未来のものが、まだ気象学的なものとして示されているのが分かります。

殺された神・アドニスは復活しますが、この神は肉体に受肉した存在とは考えられていません。この神はイメージなのです。アトランティス時代の終わりに、霊的な高みでキリストに浸透された天使のごとき存在、のちにナタン系イエスとなる存在のイメージなのです。ナタン系イエスの運命を、アドニス崇拝、アッティス崇拝において人々は祝いました。

聖書がイエス生誕地としている場所、ベツレヘムでアドニス崇拝が行なわれていたというのは、世界史的なカルマです。ベツレヘムは、アドニス崇拝の行なわれていた場所の一つです。そこで、死んで復活するアドニスが祝われました。「かつて、天使の位階に属していた存在、のちにナタン系イエスとして地上にやってくる存在が、アトランティス時代の終わりにキリストに貫かれた」という思い出を呼び出すことによって、ベツレヘムのオーラが準備されました。

当時、思考・感情・意志の調和のために天界で行なわれた行為が、アドニス崇拝において祝われたのです。そして、アドニス崇拝が行なわれたベツレヘムで、ナタン系イエスは生まれたのです。注目すべき一致です。ゴルゴタの秘儀に先行した三つのキリスト事件、三度の超地上的なキリスト事件を私たちは見出します。ゴルゴタの秘儀が行なわれるべき場所へと、キリストが西から東に移るのが、私たちの目に映ります。彼はエリアという使者を前以て送ったということが、私たちには分かります。この使者は洗礼[61]者ヨハネとして輪廻転生したことを、私たちは知っています。

洗礼者ヨハネについて、「我《われ》なんぢの前に、わが使ひを遣《つかわ》す。彼なんぢの道を設《もう》くべし」と、（聖書に）はっきりと書かれています。これはヨハネと同様に、エリアについても言えることです。エリアについてのほうが、一層よく当てはまります。エリアは霊的な高みにとどまり、代理の者をとおして活動した、と私はエリアについて述べたことがあります。エリア自身は、地上を歩んでいないのです。「我なんぢの前に、わが使ひを遣す」という表現は、ヨハネよりもエリアに似つかわしいものです。彼らは、西から東に移ったキリストの使者でした。

そして今、ユダヤ民族において地質学であったものが、この霊的存在に浸透されるべきでした。この存在が地球のために行なった本来の活動を、私たちはきのう以来、考察してきました。地質学がキリストに貫かれるべきだったのです。

人間は土の霊を新しい方法で感じ取り、いわば土の霊を大地から解き放つことができるべきでした。しかし、人間がそうできるのは、土の霊を地球から解放する力がやってくるときのみでした。それは、地球のオーラがキリストの力に貫かれ、そうして地球自身が別ものになったことによって可能になりました。ヤハウェ神が解き放った力のなかにキリストが入り込んで、その力自体を別のものに変えました。

このすべてを見渡すと、なぜ月桂樹がアポロンの象徴とされたかを、私たちは理解します。精神科学的に植物学に取り組むと、月桂樹は気象状況に強く関係した植物であることが分かります。月桂樹は気象から形成・構築されています。ほかの植物は、もっと密接に地面に結び付いており、地質状況を表現しています。

オリーブの木には油が浸透しており、心魂の元来の力が刺激されるのを人間は感じます。オリーブの木は、ほかの芽を接ぎ木できる植物です。芽は、オリーブの木に接ぎ木されると、最もよく繁殖します。オリーブの木に大地の油が浸透しているのを、人々は感じます。油のなかに地上的なものが浸透し脈打っているのを、人々は感じます。

私が二回目の講義で触れたことを思い出しましょう。パウロのことです。古代へブライとキリスト教のあいだ、地質学と基督《キリスト》学のあいだに橋をかけるために召された人物です。パウロの活動は、すでに述べたように、オリーブの木の生えている地域で展開されます。

山の裂け目から立ちのぼる蒸気のなかに、私たちはアポロンを知覚します。蒸気をとおしてアポロンはピュティアを刺激して、人間の運命を知恵深く語ります。

私たちは、オリーブの木をとおして周囲に流れる元素の力も感じることができます。その力に、パウロの元素的な心魂の力は溶け込んでいました。その力を、私たちは彼の言葉のなかに感じます。木のオーラを感じるために、彼は地質学に浸ります。そして、このオーラからインスピレーションを受け取ります。この地質学領域のなかで、彼の活動は行なわれます。

今日では、人間はあまりにも抽象的にものごとを読み取ります。古代の作者が語ったことも、近代の作者が語るように抽象的で、ただ脳に関連している、と人々は考えます。単に悟性と理性でなく、あらゆる心魂の力が地上に、ある地域に刻印を押すものといかに関連しているか、人々は考えません。
パウロの活動領域には、オリーブの木という刻印が押されていました。彼はユダヤの地質学を乗り越えようとして、キリストに満たされた人間と、キリストから遠い人間との関連について、重要なことを語りました。オリーブの木に鼓舞されて、彼は語りました。彼の風変わりな言葉を抽象的に受け取るのではなく、彼の心魂のなかに根源的に根差すもののように受け取りましょう。パウロは心魂の奥底から発する言葉をとおして、異邦のキリスト信徒をユダヤ人と結び付けようとします。風変わりな言葉を、私たちは聞きます。

「われ異邦人《いほうじん》なる汝《なんぢ》らに言《い》ふ。われは異邦人《いほうじん》の使徒《しと》たるによりて、おのが務《つと》めを重んず。これ、あるいは我《わ》が骨肉《こつにく》の者を励《はげ》まし、そのなかの幾許《いくばく》かを救《すく》はんためなり。もし彼らの棄《す》てらるること、世の和平となりたらんには、その受け入れらるるは、死人のうちより生《い》くると等《ひと》しからずや。もし初穂《はつほ》の粉《こな》きよくば、パンの塊《かたまり》も潔《きよ》く、樹《き》の根《ね》きよくば、その枝も潔《きよ》からん。もしオリーブの幾許《いくばく》の枝、切り落とされて、野のオリーブなる汝《なんぢ》そのうちに接《つ》がれ、ともにその樹《き》の液汁ある根に与《あず》からば、かの枝に向ひて誇《ほこ》るな。たとひ誇《ほこ》るとも、汝《なんぢ》は根《ね》を支《ささ》へず、根《ね》は返《かえ》つて汝《なんぢ》を支《ささ》ふるなり。汝《なんぢ》あるいは言《い》はん〝枝の折られしは我《わ》が継《つ》がれんためなり〟と。実《じつ》に然《しか》り。彼らは不信によりて折られ、汝《なんぢ》は信仰によりて立てるなり。高《たか》ぶりたる思ひを持たず、かへつて懼《おそ》れよ。もし神、原樹の枝を惜《おし》み給《たま》はざりしならば、汝《なんぢ》をも惜《おし》み給《たま》はじ。神の仁慈《じんじ》と、その厳粛《げんしゅく》とを見よ。厳粛《げんしゅく》は倒《たお》れし者にあり。仁慈《じんじ》は、その仁慈《じんじ》に止《とどま》る汝《なんぢ》にあり。もし、その仁慈《じんじ》に止《とどま》らずば、汝《なんぢ》も切り取らるべし。彼らも、もし不信に止《とどま》らずば、接《つ》がるることあらん。神は再び彼らを接《つ》ぎ得《え》給《たま》ふなり。汝《なんぢ》、生来の野のオリーブより切り取られ、その生来にもとりて善《よ》きオリーブに接《つ》がれたらんには、まして原樹のままなる枝は、己《おの》がオリーブに接《つ》がれざらんや」

このように、パウロは語りました。彼については明日、さらに詳しく述べましょう。彼は自分が言うべきことを、ユダヤの地質学から取り出しました。彼は、大地からオリーブの木のなかで支配する元素の力を、自分が言うべきことのために、壮大な方法でイメージへと形成したのです。

52【ヘブライ文化】ユダヤ教思想を基にした文化。

53【エロヒム】

エル（神）の複数形。聖書の天地創造の神々。ヤハウェとともに地上の人間に個我を与える。

54【ヤハウェ】

聖書の「主なる神」。エホヴァ。地球に叡智を送る月の神性で、愛を準備し、エロヒムと共同して人間に個我を与えた。

55【アダム】

旧約聖書『創世記』で、神によって土から作られた最初の男性。人智学ではアダムとエヴァはレムリア時代に物質界に入り、地球から月が分離するまで生き延びた、地上で最も強い心魂を持った夫婦。受肉しなかったアダムの無垢の魂の部分は、のちにインドの神クリシュナとして現れ、そののちナタン系イエスに受肉したと見る。

56【ジョルダーノ・ブルーノ】一六世紀イタリアの宗教家、哲学者。

57【モーセ】

前一四世紀ごろ、エジプトで奴隷状態にあったヘブライ人を率いて、乳と蜜が流れるという旧約の神の約束の地、カナンを目指した大預言者。ファラオの王女に養育された、エジプトの秘儀参入者。

58【個我】

エロヒムとヤハウェによって人間に与えられた。自由・内なる神性への原基であると同時に、自己の内に硬化する原因でもある。

59【アドニス崇拝】

アドニスは、ギリシア神話における穀物の神。アドニス祭儀は、アトランティス時代後期に、キリストがアダム・カドモン（のちのナタン系イエスの天上的原像）の心魂に浸透したことの記念祭。

60
【アッティス崇拝】
アッティスとは、小アジア（フリュギア地方）で崇拝された穀物神。アッティス儀式はアドニス儀式と意味を同じくする。

61
【洗礼者ヨハネ】
水瓶座の秘儀参入者。人をエーテル体が緩んで今までの人生を体験するまで水に浸けていた。死後、十二使徒の集団心魂になった。

聖杯の騎士パルツィヴァル

私はみなさんに、シビュラの力について話しました。シビュラがギリシア哲学の影のようにイオニアに現われたことに、私は注意を促しました。それから何世紀ものあいだ、深い叡智が混沌とした心魂のいとなみのなかから魔法のように呼び出されたり、精神の混沌のみが明るみに出されたりしました。何世紀にもわたって、外的な歴史学が認めようとするよりも、シビュラはずっと南欧の精神生活と隣接地域の精神生活を支配していました。

シビュラの特異な心魂の表明は古代、つまりポスト・アトランティス第三文化期にはよい意味を持っていた人間の心魂の力を示唆している、と私は言いたかったのです。しかし、人類の歴史の進化の経過のなかで、文化期は移り変わっていきます。シビュラがしばしば発する無意味な力は、第三ポスト・アトランティス時代には正当で良い心魂の力でした。第三ポスト・アトランティス時代には占星学が研究され、星々の叡智の働きかけをとおして、その力が調和されました。その力がシビュラたちに現われたのです。

世界のどこかで統治する力、たとえばシビュラの心魂を支配する力自体を、良いとか悪いとか言うことはできません。その力は、いつどこに出現するかによって、良いものであったり、悪いものであったりするのです。シビュラの心魂のなかに現われた力は、まったく良い力です。ただ、その力は第四ポスト・アトランティス時代の心魂の進化には適していませんでした。

第四ポスト・アトランティス時代には、意識下の根底から上ってくる力が人間の心魂を支配すべきではありませんでした。個我の明晰さをとおして、その力は心魂に語りかけるべきでした。シビュラの力を抑制して、明晰な個我をとおして語る力が上昇してくることを、古代ヘブライの預言者たちは目指しました。古代ヘブライの預言者たちの西洋的な特徴は、混沌としたシビュラの力を押し返し、個我をとおして語るものを表に出すことです。

古代ヘブライの預言者たちが目指したもの、シビュラの力を「正しい軌道に乗せる」という課題は、キリスト衝動をとおして成就しました。キリスト衝動が地上の人類進化のなかに入ってきたとき、シビュラをとおして混沌とした方法で現われた力をしばらく退けることが大事でした。流れる川が地下の洞穴へと消え、のちに再び地表に現われるのと同じです。

別のかたち、キリスト衝動によって純化されたかたちで、この力は再び現われるべきでした。キリスト衝動は、地球のオーラのなかに入り込んだのちに、この力を与えることができました。私たちが心魂の力を日中に完全に発展させたのちに、夜の無意識のなかに沈み、再び目覚めるのと同じです。ポスト・アトランティス第三文化期には当然であった力が、しばらく心魂のいとなみの表面下を流れて気づかれなくなり、それからゆっくりと再び現われることが必要でした。

シビュラにおいて混沌とした形で表明された力、人間の力がキリスト衝動によって洗われるという現象が生じるでしょう。その力は心魂のいとなみの地下に潜ります。人類は通常の意識において、キリストがこの力をもって心魂の地下で活動しつづけている、ということについて何も知りません。実際、そうなのです。

精神科学的な観点からキリスト衝動の突入を観察すると、壮大な光景が現われます。ニケ[62]ア会議から、ドグマの確定について人々は表面意識で口論し、やっきになって反論しました。キリスト教にとって最も重要なものが、意識下の心魂の奥底で生起しました。これを観察すると、壮大な光景が目に映ります。論争されているところには、キリスト衝動は働いていません。キリスト衝動は地下で働いています。

表面だけを考察すると奇妙に思われるものの多くを、人間の叡智が明らかにするにちがいありません。多くのことが明らかにされねばなりません。それが人間の心魂のいとなみの地下に働くキリスト衝動の作用の徴候だからです。司教たちの論争をとおして、西洋におけるキリスト教の流れに関して最も重要なことが起こるのではない、ということを私たちは知るでしょう。心魂のいとなみの地下で決定されて、夢のように意識のなかに現われるものをとおして重要な歴史上の出来事が生起するということを、私たちは理解するでしょう。

人間は夢のなかで知覚するものによって、深みで起こっているものを解明することはできません。西洋の歴史の発展の経過のなかで、人間の心魂の力を正しい軌道に乗せるために、キリストが心魂の地下で企てるものが、夢をとおして映し出されます。

三一二年一〇月二八日、コンスタンティウス・クロルスの息子、コンスタンティヌス大帝[63]がマクセンティウス[64]とローマのまえで戦いました。この戦いによって、西洋全体にとって、キリスト教の発展に関して非常に重要な決定がなされました。戦いと勝利が、奇妙な方法でもたらされます。私が言わんとしていることを、多くの人々が予感なさるでしょう。

ローマのまえで、コンスタンティウス・クロルスの息子、コンスタンティヌスがマクセンティウスを撃破した戦いは、軍命令によってなされたのではありません。指揮者の意識的な俊敏さによって行なわれたのではありません。夢とシビュラの託宣によって決定されたのです。

三一二年一〇月二八日に行われた戦に関しては、コンスタンティヌスがローマの門に押し寄せてきたとき、マクセンティウスは夢を見たと語られています。彼がまだ門のなかにいたとき、「いま、おまえがいるところに止まるな」という夢のお告げがありました。マクセンティウスはこの夢に従って、門を通ります。シビュラの託宣を調べることによって、夢の印象はさらに強められました。こうして、外的に見たら、最大の愚行を彼は行ないました。

彼はローマを離れ、コンスタンティヌス軍より四倍も強い軍勢を率いて、ローマの城壁に守られずに、外で戦いました。

シビュラの託宣に、「コンスタンティヌスに対して、ローマの城壁の外で戦えば、おまえはローマ最大の敵を滅ぼすだろう」と書かれていたからです。シビュラの神託のうちで、正しかったものの一つです。

彼はこの託宣に従いました。勇気と信頼をもって、ローマの門から出ました。かつて、別のシビュラの神託がクロイソス[65]を導いたように、この託宣がマクセンティウスを導きました。彼はローマの敵を滅ぼしました。自らの行動によって、自分自身を滅ぼしたのです。

コンスタンティヌスは別の夢を見ました。「おまえの軍勢のまえに、キリストのモノグラム[66]を掲げよ」という、夢のお告げがありました。彼の軍勢は、マクセンティウス軍の四分の一しかないものでした。彼はキリストのモノグラムを掲げ、勝利を闘い取りました。

ヨーロッパの歴史にとって重要な決定の一つが、夢とシビュラの託宣によってなされたのです。ヨーロッパの人間の心魂のいとなみの地下で起こるものが、ここできらめき出ます。人間は山の空洞のなかに消えた川を見ず、表面で奇妙なことを憶測します。そのように、キリスト衝動の流れはヨーロッパの人間の心魂の地下を流れつづけ、秘められた作用を発します。

私は精神科学的な探究において、この流れを追うとき、しばしば痕跡を見失いました。この流れがどこに再び現われるか、私は探さなくてはなりませんでした。キリスト衝動の流れはゆっくりと現われ、現代でもまだ完全には現われきっていない、と私は仮定できました。

しかし、どこにキリスト衝動は現われるのでしょうか。どのようにキリスト衝動はふたたび姿を現わすのでしょうか。どこでキリスト衝動が心魂をつかみ、心魂がそのことを意識するでしょうか。

私が本や講義のなかで述べたさまざまなテーマを検討していただくと、特に昔、私が聖杯との関連で語ったことは最も不満足なものに属すのを、みなさんは見出されるでしょう。いまなら撤回したいようなことを語ったのではなく、それを述べるとき、私は自分に不満を感じていたのです。

私は、確かなことを述べなくてはなりませんでした。キリスト衝動のさらなる前進を探求し、西洋キリスト教のオカルト的発展を探求すると、私の心魂のまえに警告が現われました。

「おまえはパルツィヴァルの名を、正しいところに読まねばならない」という警告です。

秘教的探究は、奇妙な方法で導かれるということを、私は経験しなくてはなりませんでした。思弁に陥らないよう、安易に空想へと飛び去らないよう、私たちは秘教的探究においてはゆっくりと進むべきです。秘教的探究が、ついには真理を白日の下にさらすとき、その真理は確固とした自らの正しさを私たちに示すことができます。「どこにパルツィヴァルの名があるか、探せ」という要請への答えを待つことに、私は甘んじなければなりませんでした。

パルツィヴァルは帰ってきたあと、自らの誤りから目を覚まし、聖杯への道をふたたび見出すことを、みなさんはパルツィヴァル伝説からご存じでしょう。「神聖な杯に、あなたの名が輝くだろう」と、彼は告げられます。彼の名は、この神聖な杯に記されているにちがいありません。しかし、神聖な杯はどこにあるのでしょう。神聖な杯は、どこに見出されるのでしょう。

このような秘教的な探究には、しばしば時間がかかります。一日や一年で多くのことはできません。思弁に拠ると、真理から離れます。探究は阻まれます。そうこうするうちに、画期的な出来事が起こります。「神聖な杯に書かれたパルツィヴァルの名を、おまえはどこに見出すか」という問いへの答えを長年探しているうちに、画期的な出来事が現われました。

聖餐式のパンの入った神聖な杯に数々の意味があることを、私は知っていました。ホスチア、円形のパンの載った杯です。神聖な杯の上に「パルツィヴァル」という名は現われるはずでした。「マルコ福音書」四章の一一～一二節、三三～三四節に述べられていることにいかに深い意味があるかも、私は気づきました。

イエス言《い》ひ給《たま》ふ。汝《なんぢ》らには神の国の奥義《おくぎ》を与ふれど、外《ほか》の者には凡《すべ》て譬《たと》えにて教ふ。これ、「見《み》るとき見《み》ゆとも認めず、聴《き》くとき聞《き》こゆとも悟《さと》らず、ひるがへりて許《ゆる》さるることなからん」ためなり。

かくのごとき、あまたの譬《たと》えをもて、人々の聴《き》きうる力に従ひて、御言葉《みことば》を語《かた》り、譬《たと》えならでは語《かた》り給《たま》はず、弟子たちには、人なき時にすべてのことを説《と》き給《たま》へり。

主は多くのことを譬《たと》えで語り、次第に譬えの意味を説明する、と述べられています。深秘の探究は段階的に、しばしばカルマの導きに依拠して、ゆっくりと導かれます。関係がありそうに思われるものに向かい合うとき、精神世界から来る力の影響下に、それが自らの心魂のなかでどのようになるか、人々には分かりません。深秘の世界の深みから得られるものが、長年追求している何らかの問題に関連するということを、人間はしばしば気づきません。

私はノルウェーの民族神霊、北欧の民族神霊に、パルツィヴァルについて問いを発しました。そのとき、北欧の民族神霊は「私の力をとおして、北欧のパルツィヴァル伝説のなかに流れた言葉〈ガンガンダ・グレイダ〉、つまり方々で爽快にするものを理解することを学べ」と言いました。私はどうしたらいいのか、まったく分かりませんでした。

また、私はローマのサン・ピエトロ寺院で、すぐ右側にあるミケランジェロの作品、まだ若々しい母親が死んだイエスを膝に抱いているピエタ像を見たときも、どうしていいのか分かりませんでした。そして、この芸術作品から受けた作用の下に、幻影ではなく阿迦捨《アーカーシャ》年代記に書き込まれているイメージが、本当のイマジネーションのように、精神世界からやってきました。

そのイメージが示すのは、パルツィヴァルが聖杯[67]の城にあった秘密について問いを発することなく、聖杯の城を去ったあと、森で出会う若い女性の姿です。彼女は許婚を膝に抱いて、嘆き悲しんでいます。その姿は母親のようにも、許婚を亡くした花嫁のようにも見えます。キリストはしばしば「花婿」と呼ばれます。このような関連に意味があるということを、私は知りました。

「どこに、聖杯[68]に記されたパルツィヴァルの名を発見できるのか」という問いへの答えを、私は探求していました。いくつもの前兆を、私はみなさんに語ることができます。その名が現われることとは、伝説自体が私たちに語っています。パルツィヴァル伝説の最も重要なところだけでも、思い浮かべてみる必要があります。

パルツィヴァルは、父が死んだあと、母ヘルツェライデ（ヘルツェロイデ）から生まれました。母は彼を、大きな苦痛と夢のような幻のなかで生みました。彼女は彼を騎士の修練と美徳に触れさせまいと、財産管理を人に任せて、人里離れた地に引きこもりました。彼のなかに生きていたものから遠く離れたまま育てようとしました。父が冒したような危険に、パルツィヴァルをさらさないためです。

この子は幼いころから、自然のなかのあらゆる素晴らしいものを見上げました。母から教えられたのは、「神がいる」ということだけでした。この子は、神に仕えようという気持ちを持ちました。しかし、彼は神について何も知りませんでした。

ある日、彼は騎士たちを神だと思って、跪きました。この子は母に、騎士を見たことを告げ、自分も騎士になりたい、と打ち明けます。母は彼に道化の衣装をまとわせて、送り出します。

この子は、さまざまな冒険をします。母はのちに、息子が行ってしまったので悲嘆に暮れて、死にました。これはセンチメンタルなことだと思われるかもしれませんが、非常に深い意味があります。息子は振り返って母に別れの挨拶もせずに、騎士の冒険を体験するために出て行きました。

彼は遍歴を重ね、騎士の本質と美徳についてさまざまな経験をしたあと、聖杯の城に到ります。ある機会に私は、聖杯の城に到るパルツィヴァルの姿を最もよく描いているのはクレティアン・ド・トロワだ、と述べました。パルツィヴァルは長い旅ののち、孤独な地域に到った、と書かれています。そこで、彼は二人の人に出会います。一人は川船を漕ぎ、もう一人は川船に乗って釣りをしています。パルツィヴァルは質問して、漁夫王のところへ向かうことになります。

彼は聖杯の城で漁夫王に会います。初老の漁夫王は衰弱しており、寝椅子に休んでいました。漁夫王は彼と話をし、姪の贈り物だった剣を渡します。広間にまず、槍[69]を持った小姓が現われます。その槍からは血が、小姓の手にまで流れています。そして、鉢のような聖杯を持った乙女が現われます。聖杯から輝きが発し、その光は広間の明かりすべてを圧倒します。太陽と月の光が星々に勝るのと同じです。

聖杯のなかには、特別の部屋にいる漁夫王の老父を養うものが入っています。漁夫王とパルツィヴァルの前の食卓に豊かに盛られたものを、その老父は必要としません。漁夫王とパルツィヴァルは地上の食料で生きています。しかし、新しい皿が出されるたびに、聖杯が漁夫王の老父の部屋に行きます。漁夫王の老父[70]は、聖杯のなかにあるものしか食べません。城への途上で、パルツィヴァルはグルネマンツから、問いを発しすぎるべきではない、と教えられていました。なぜ槍から血が流れているのか、彼は問いません。その鉢は何か、と彼は問いません。聖杯という名を、もちろん彼は知りません。それらの出来事が起こった部屋で、夜具が用意された、とクレティアン・ド・トロワ[71]は書いています。パルツィヴァルは、翌朝になったら質問しよう、と決心します。

　しかし翌朝、城はからっぽで、だれもいません。彼は人を呼んでみましたが、だれもいません。彼は服を着ます。彼の馬だけは、下に用意されていました。みんなは狩りに出かけたのだろう、と彼は思います。そして、聖杯の不思議を問うために、あとを追おうとします。しかし、彼が跳ね橋を渡ると、その橋はすぐに上がり、馬は城の堀に落ちないよう、飛び上がります。前日、城のなかで会った人々を、彼は一人も見つけることができません。

　パルツィヴァルはさらに馬で行き、孤独な森のなかで、女が男を膝に抱いて嘆いているのに出会った、とクレティアン・ド・トロワは書いています。彼女はパルツィヴァルに、聖杯の城で問いを発するべきであった、と指摘しました。その問いの作用によって、大きな秘密を彼は体験できたはずだ、と彼女は言いました。

　パルツィヴァルがその後さまざまにさまよう行程を、クレティアン・ド・トロワは書いています。

　そして聖金曜日[72]に、彼は隠棲者のところにやってきました。トレヴェリセント（トレヴリツェント）という名の隠者です。パルツィヴァルは漁夫王を救えたはずなのに、その機会を逃したために呪われている、と隠者は指摘します。城の不思議について問わなかったので、機会を逃したのです。多くの教えを、パルツィヴァルはこの隠者から受けます。

さて、隠者のところに向かうパルツィヴァルに付き添おうと試みたとき、私は一つの言葉を見出しました。その言葉を精神科学的に探究すると、私は完全な真実を述べることができると思っています。年老いた隠者が、パルツィヴァルの注意をゴルゴタの秘儀に向けさせたあとに語った言葉の一つが、私に深い印象を与えました。

パルツィヴァルは隠者のところに聖金曜日に来たのですが、ゴルゴタの秘儀についてはほとんど知りませんでした。老隠者は、ある言葉を発します。私は現代の言葉で語りますが、意味は完全に忠実に伝えます。「ゴルゴタの秘儀で何が起こったのか、考えなさい。十字架に掛けられたキリストに、まなざしを向けなさい。キリストはヨハネに、〝いまから、この人は君の母だ〟と語る。ヨハネは彼女を捨てなかった。だが、おまえは母ヘルツェライデを捨てた。彼女は君のために、世を去ったのだ」と、老隠者はパルツィヴァルに言います。

この話を、パルツィヴァルは完全には理解しませんでした。しかし、彼に語られた言葉は、彼の心魂のなかでイメージとして作用しました。母を捨てたカルマが、母を捨てなかったヨハネと釣り合います。それが彼の心魂のなかに作用を残します。パルツィヴァルはしばらく隠者のところにとどまり、それから、聖杯への道をふたたび探します。
漁夫王アンフォルタスの死の直前に、彼は聖杯を見出します。聖杯の騎士団が彼のところにやってきて、「君の名前が聖杯のなかに輝いている。君は未来の君主、聖杯の王だ。君の名前が神聖な杯のまえに輝いているからだ」と、言います。パルツィヴァルは聖杯の王になります。パルツィヴァルという名が、神聖な、黄金に輝く杯の上にあります。聖餐式のパンの入った杯の上に、パルツィヴァルの名が書かれています。

杯を見つけることが、私には問題でした。私は最初、迷いました。ある事情によって、私は迷いました。深秘的な探究に際しては、秘められた源泉から直接明らかになるものを顧慮することだけが必要だとは思われませんでした。真剣な問題を扱うときには、外的な探究が明らかにするものを顧慮することが必要です。問題を追跡するに際して、外的な学問が語るものを参考にすることを軽んじないのがよい、と思います。そうすれば、夢想郷で我を忘れずに、地上にとどまります。しかし、この顕教的な学識が私を迷わせたのです。学識は私を正しい道からそらせました。

ずいぶん昔のことです。ヴォルフラム・フォン・エッシェンバッハ[73]は『パルツィヴァル』を書きはじめたとき、クレティアン・ド・トロワとキヨットを利用したと自ら述べている、と顕教的な研究者は言います。キヨットは外的・顕教的な研究によっては見つけ出せません。

それで、外的・顕教的な研究は、キヨットはヴォルフラム・フォン・エッシェンバッハの創作だと見なしています。ヴォルフラム・フォン・エッシェンバッハはクレティアン・ド・トロワのなかに見出されるものに多くを付け加えるために、別の源泉を見出したかったというのです。外的な学問が認めるのは、せいぜいキヨットはクレティアン・ド・トロワの作品を書き写した、ということくらいです。そして、ヴォルフラム・フォン・エッシェンバッハはこれを、いくらか空想的な方法で拡張したというのです。

この外的な研究がどこに到るか、みなさんには分かります。キヨットへと導く道は、多かれ少なかれ度外視されます。キヨットというのは、ヴォルフラム・フォン・エッシェンバッハが捏造したものだ、と外的な研究は見なすからです。私が外的な研究によって迷っていたとき、べつのものが私に近づいてきました。それも、カルマ的なことです。

私に近づいてきたものを、私は『神秘学概論』や連続講義録などのなかで、しばしば示してきました。つまり、「アトランティス後の時代において、ゴルゴタの秘儀のまえ、第四ポスト・アトランティス時代までに展開したことが、第四ポスト・アトランティス時代後に再び現われる」のです。

まず、第三ポスト・アトランティス時代が、現在の第五文化期にふたたび現われます。第二ポスト・アトランティス時代は第六文化期に、第一時代すなわち神聖な聖仙の時代は第七文化期に現われます。

長年の探究の結果、第三ポスト・アトランティス時代の占星学が、キリスト衝動に貫かれて現代に復活しているということが、ますます明らかになりました。当時、人々が星を研究したのとは別の方法で、私たちは今日、星を研究しているにちがいありません。しかし、星々の文字はふたたび私たちに何かを語ります。注目すべき方法で、星々の文字とパルツィヴァルの秘密が結び付きます。両者にはたがいに関係がある、と私は思わざるをえませんでした。

私の心魂のまえに、あるイメージが現われました。私が精神において、トレヴェリセントのところから聖杯の城に向かうパルツィヴァルに付き添おうと試みたときに、そのイメージが私に現われました。この隠者との出会いを、クレティアン・ド・トロワは、心をつかむように美しく記しています。パルツィヴァルが隠者のところに到る箇所の一節を読んでみましょう。


彼は馬を、そちらに走らせた。

そして、心の底から溜め息をついた。

自分は神の御前に罪深いと感じ、

悔いが胸をかき乱したからだ。
泣きながら、彼は森を進み
庵《いおり》の前で止まった。
馬から降り、
武器を地に置いた。
そして、小さな礼拝堂に
敬虔《けいけん》な人物がいるのを見た。
彼は呵責《かしゃく》に駆られ、
その前に跪《ひざまず》く。
目からあふれる涙は
とめどなく顎《あご》まで流れる。
彼は子どものように素直に
隠者の前で両手を合わせる。
「慰めの力を持つ方よ、
私の告解《こっかい》を聴いてください。
五年間、私は常軌を逸していました。

信仰なしに生き、
悪事のみに努めてきました」
「なぜ、そのようにしたのか、私に語りなさい。
そして神が君に近づき、いつか至福の一群に加われるよう、
神に願いなさい」
「私はかつて漁夫王のところにいて、
槍の穂尖から血が滴るのを見ました。
私は聖杯を見ました。
そして、その血は何を意味するのか、
聖杯は何を意味するのかと、
問うのを怠りました。
その日から今日まで、
私の心魂は重い苦悩のなかにあります。
死んでいたほうが、ずっとよかったでしょう。
私は主を忘れ、
主の恵みから離れていました」

「君の名を言いなさい」

「パルツィヴァルと呼ばれています」

老人は胸の底から溜め息をついた。

その名を知っていたのだろう。

「君が知らずに犯したものが
君に苦痛をもたらしたのだ」と、彼は語る。


それから、先に述べた対話が、隠者とパルツィヴァルのあいだでなされます。そして、庵《いおり》の隠者のところに滞在してから、ふたたび聖杯へと向かうパルツィヴァルに、私の精神が付き添おうと試みたとき、彼が昼夜、馬を進め、昼は自然、夜は星々に没頭した姿が、しばしば心魂のなかに現われました。彼の無意識のなかに、星々の文字が書き込まれたようでした。星々の文字は、聖杯をたずさえた神聖な騎士団が「君の名が聖杯から輝いている」と語るのを予告するかのようでした。しかしパルツィヴァルは、星々から輝いてくるものをどうしていいのか、分かりませんでした。それは彼の無意識のなかにとどまったからです。ですから、精神科学的な探究をとおして沈潜を試みても、正しく解明できません。

私はもう一度、キヨットに戻りました。ヴォルフラム・フォン・エッシェンバッハがキヨットについて述べていることの一つから深い印象を受け、それを「ガンガンダ・グレイダ」に関連させねばなりませんでした。おのずと関連するのです。死んだ婚約者を膝に抱いた女のイメージにも、関連させねばなりませんでした。

あるとき、私はキヨットが語った言葉にぶつかりました。「これはグラールと言います、と彼は語った」という言葉です。どのように彼が「これはグラールと言います」と語るに到ったかは、顕教的な研究をとおして指摘されています。

彼はスペインのフレゲタニスの本を手に入れました。占星学の本です。キヨットはフレゲタニスから刺激を受けて、つまり、甦った占星学に刺激されて、グラールという名のものを見た、と考えて間違いありません。彼がフレゲタニスと名付けている者のなかに、星々の文字の知識が甦ったのです。精神科学的に探究すると、キヨットは重要な秘密を握っているということを、私は知りました。キヨットを無視すべきではありません。彼は少なくとも聖杯を見たのです。

パルツィヴァルの名が書かれた聖杯は今日、どこに見出されるのでしょうか。探究の経過のなかで、その名を星々の文字のなかに探さねばならない、ということが明らかになりました。ある日、私は黄金に輝く鍵を見出しました。それは特別に意味深く思えました。私たちはその鍵をとおして、聖杯の秘密へと導かれます。星の文字の象徴をとおして、私たちは聖杯の秘密へと導かれます。

星の文字のなかに、だれもが見ることのできるものを、私は見ました。だれにでも見えるのですが、最初は秘密は見出せません。ある日、私は黄金に輝く三日月が空に現われるのを、内的に観照していました。そのとき、暗い月のなかに、大きな円盤がかすかに見えたのです。外的・物質的には、黄金に輝く月が見えます。ガンガンダ・グレイダ、運行する聖餐です。そのなかに大きな聖餐式のパン、暗い円盤があります。それは、表面的に眺めると見えません。正確に眺めると、見えます。

暗い円盤を見ると、三日月の上に、秘められた文字が見えます。パルツィヴァルの名です。これは星の文字です。実際、正しい光の下に見れば、星の文字を読むことによって、パルツィヴァルの秘密、聖杯の秘密が、すべてではないにしろ、私たちに明らかになります。

それについて皆さんに示唆すべきことは、あす話しましょう。

62【ニケア会議】

ニカイア公会議（ニケア、ニケーア）は、三二五年、小アジアのニコメディア南部の町ニカイア（現在のトルコ）で開かれたキリスト教の歴史で最初の全教会規模の会議。

63【コンスタンティヌス大帝】（272―337）

コンスタンティヌス1世。全名ガイウス・フラウィウス・ウァレリウス・コンスタンティヌス。古代ローマ帝国の皇帝。帝国を再統一し、専制君主制を発展させた。キリスト教を公認したため、さまざまな教会で聖人とされている。

64【マクセンティウス】

古代ローマ、マクシミアヌス帝の息子。

65【クロイソス】

リディア(紀元前七世紀~五四七年)、古代のアナトリア半島（現在のトルコ）で栄えた王国の王。紀元前五六〇年に即位。

66【モノグラム】

氏名の頭文字などを組み合わせたもの。

67【聖杯の城】

聖杯を守る一族の城。モンサルヴァート城。見つけようとしても見つけられず、見つけるさだめの者だけがたどり着ける場所。ヨーロッパ西方、北スペインの山中にあるともいわれる。

68【聖杯】

イエス・キリストが最後の晩餐で飲食に使った器で、十字架上のイエスから流れる血を受け取った。天から堕ちるルシファーの王冠から落ちた、個我の力を示す宝石で作られたという。原初の叡智を守り、再生する神の秘儀を表している。心のきれいな者だけが目にすることができ、望みのままに求めるものを与える。

69【槍】
聖槍。十字架上のイエス・キリストの死を確認するため、わき腹を刺したとされる槍。イエスの血に触れたものとして尊重されている聖遺物のひとつ。

70【グルネマンツ】
モンサルヴァート城の老騎士。

71【クレティアン・ド・トロア】
フランスの詩人。一一八〇年代に未完の騎士道物語『ペルスヴァル、あるいは聖杯の物語』を書いた。

72【聖金曜日】
復活祭前の金曜日。イエス・キリストの受難と死を記念する日。

73【ヴォルフラム・フォン・エッシェンバッハ】
ドイツ中世の詩人、騎士。パルチヴァール叙事詩を書いた。アーサー王伝説に材をとった叙事詩をのこす。

ミケランジェロ「ピエタ」1498-1500

ルドルフ・シュタイナーの創案による
「聖杯の封印（悪の変容）」Clara Rettich　1911

ルドルフ・シュタイナーの創案による
「聖杯の封印（悪の変容）」ヴァリエーション
Baron Arild Rosenkrantz（1870-1964）

天空の聖杯

きのうは聖杯の秘儀について、いかに心魂が探求するものごとが次第に明らかになるか、述べました。探求する心魂が精神世界から結果を見出すまえに、さまざまなことを体験するのを語りました。表面にとどまる現代の心理学が、このような叙述に面して、さまざまな反論をすることを、私はよく知っています。さまざまな法則と連想と意識下の表象について、奇妙な主張がなされることを、私はよく知っています。しかし、私は意識的に、ありのままに叙述しました。精神探究においては、きのう話したようなことがらを克服したあとで、初めて成果が達成されるということを明らかにするのが大事だからです。

しばしば言及した生命法則にしたがって明らかになる精神探究の成果は、考え出された理念の結果なのではありません。その理念は先触れのごとく結果へと導くものであり、結果自身に関わるものではありません。

　このようなことを語るのは、私の連続講義録が印刷されて部外者の手に渡り、いま述べたような叙述について無意味な論評を加えるということが、繰り返し起こるからです。アントロポゾフィー運動と戦って取引できると思う人々がいるのです。さまざまな手段が用いられます。

　空に文字が見出せる、と話しました。その文字は、聖杯そのものではありません。聖杯そのものを差し出しもしません。聖杯自体ではなく、「聖杯の名前」が空に見出される、と私は強調しました。このような強調を真面目に受け取ってくださるよう願います。黄金に輝く三日月が空に昇ります。月の暗い部分が他の部分から際立ちます。その部分によって、黄金に輝く円盤が限定されています。そこに、秘密の文字で書かれたパルツィヴァルの名が明らかになります。だれにでも正確に観察できることだ、と私は示唆しました。

　考察を続けて、この空の形姿を解釈しようと試みるまえに、ある重要な法則に注意しなくてはなりません。黄金に輝く三日月は、物質的な日光が月に当たることによって生じます。太陽がこちらから当たると、こちらの月面が輝き、照らされた面が黄金に輝く杯に見えます。そのなかに、暗い聖餐式のパンが安らいでいます。物質的には暗い部分、日光が到達しない部分ですが、霊的には別です。

日光が月に射し、黄金の輝きで反射されるとき、なにかが物質を通過していきます。通過するのは、日光のなかに生きる霊的なものです。太陽の霊的な力は、太陽の物質的な力のように阻止・反射されません。その力は通過します。そして、月の力に止められることによって、私たちは黄金の杯のなかに安らう太陽の霊的な力を見ます。ですから、「月の暗い部分のなかに、太陽の霊的な力が見える」と、言うことができます。黄金に輝く部分、杯の部分に、私たちは太陽の物質的な力を見ます。その力が反射されています。

私たちが太陽を見るとき、太陽の霊は太陽の物質的な力の杯のなかに安らいでいます。太陽神霊は月の杯のなかに安らいでいるのです。この太陽神霊とキリストの関係について私たちが語ったことをまとめてみましょう。月が物質的に行なうことが、重要な象徴のように思われます。月が日光を反射して、黄金に輝く杯を現出させることによって、月は太陽神霊の担い手のように思われます。太陽神霊は、聖餐のパンのような円盤形の月のなかにあります。

パルツィヴァル伝説において聖金曜日、復活祭に天から聖体が聖杯のなかに下ってくる、と強調されているのを思い出しましょう。復活祭に聖餐は新たになり、若返りの食料のように聖杯のなかに沈む、と強調されています。復活祭に、パルツィヴァルは隠者によって、新たに聖杯へと注意を向けられます。復活祭が聖杯に有する意味は、ワーグナーの楽劇『パルジファル』によっても、ふたたび人々に示されました。

私がきのう示唆した、心魂の地下のなかで生じるキリスト衝動の作用は、古い伝統に一致します。この伝統に一致して、復活祭は制定されました。復活祭は、いつに制定されているでしょう。春の太陽、力を増しつつある太陽、つまりキリストの象徴が、春の満月ののちの日曜日を迎えます。その日が復活祭です。

復活祭に春の満月は、どのように空に位置しているでしょうか。復活祭ごとに、春の満月は空にどのように位置するのでしょうか。満月を過ぎて、少なくともわずかに三日月になりはじめています。この暗い部分に、太陽神霊がいくぶん見えるようになるにちがいありません。春の力を得た太陽神霊の何かが、そのなかにあるにちがいありません。古い伝統にしたがって、復活祭に、この聖杯のイメージが空に現われるにちがいありません。そうにちがいありません。だれもが復活祭に、聖杯のイメージを見ることができるのです。そのために、太古の伝統にしたがって復活祭が適切に制定されたのです。

さて、パルツィヴァル伝説に関連するものすべてが、どのようにして成立したのかについて、さらに調べていきましょう。心魂のいとなみの地下で生起する経過をとおしても調べていきましょう。

「シビュラにおいて表に現われる力は、和らげられねばならない。その力は、キリスト衝動に貫かれねばならない。そのように和らげられた形で、その力はふたたび現われて、新しい時代の精神文化の担い手にならねばならない。その力は、和らげられた形で現われねばならない」と、きのう話しました。

「クレティアン・ド・トロワが描いているペルスヴァルは、心魂の地下に作用しているキリストの力から、なにかを自分のなかに受け入れることができたのか」という問いを投げかけましょう。

もう一度、古代ヘブライの地質学の性格を振り返ってみると、一つのことが繰り返し私たちの目につきます。古代ヘブライ全体が、啓示の地質学的な性格に力強くとどまろうとしています。このことに注目するときにのみ、私たちは古代ヘブライ地質学の精神を把握できます。

古代ヘブライの啓示は地球の活動、地球の霊的な動きのなかに探求されねばなりません。そのことを、この連続講義で私は述べてきました。星々から発して元素のなかで活動するもの、星々の影響によって元素のなかで最初に引き起こされるもの、精神的にシビュラの力を刺激するものを後退させる努力がなされました。

そのようなものは、第三ポスト・アトランティス時代の占星学においては、まだ正当なものでした。そこでは、人類は古い精神性の遺産を、自分のうちにたくさん有していました。人類は心魂を元素に没頭させることによって、星の文字の啓示をとおして、よいものを受け取りました。第四ポスト・アトランティス時代に、星々の力は元素から退きました。元素は大気中その他で地球を取り囲み、包み込んでいます。時代精神を理解した者は、特に第四時代が進展したとき、「星々から元素のなかに入ってくるものに対して、私たちは身を守ろう。それは、不正なシビュラの力を引き起こすからだ」と思わねばなりませんでした。そのように、元素の影響は感じ取られたのです。キリスト衝動が地球のオーラに注がれたことによって、シビュラの力はふたたび調和されて、正しい啓示を生み出せるものにされるべきでした。

古代ヘブライの本当の識者は、霊的なものの啓示を求めるとき、星を見上げることを好みませんでした。古代ヘブライの識者は、地球進化に属するヤハウェ神に依拠しました。ヤハウェ神は地球進化のみを促進させるために、月神になりました。『神秘学概論』に書いたように、ヤハウェは月神の機能を引き受けたのです。ユダヤの月の祭においては、「地球の主」の面影が象徴的に月から現われます。

しかし、弟子に対して「先に進むな」と言うのが、古代ヘブライの気分でした。「ヤハウェが月の象徴のなかに開示するもので満足せよ。先に進むな。月の象徴をとおして表現されるものとは別のものを元素から受け取る時代はまだ来ていないのだから。それは不正なシビュラの力になるぞ」と、弟子は言われました。

土星進化・太陽進化・月進化から地球進化にもたらされたもののすべてを自然な姿でまとめ

ると、古代ヘブライで「エヴァ」のなかに象徴されたものが私たちに立ち現われます。ヘブライ語では、母音は明記されません。「エヴェ」です。古代ヘブライにおいて、地球の運命を導く神的存在のしるしを付け加えると、「イェーヴェ」「ヤーヴェ（ヤハウェ）」という形が得られます。イェーヴェ＝ヤハウェは、月を象徴とする、地球の指導者です。

月進化からやってきた、月進化の成果が地球進化と結び付きます。地球の主が、月進化の成果である地球の母の力と結び付くのです。ヤハウェです。地球の母の力のなかに、月進化の成果があります。古代ヘブライから、月の力の不思議なつながりが発します。月の力の残余が、天文学的に現われる月のなかに残されました。月の力は、人間の女性的要素のなかに残されました。地球の主と月の母の結び付きが、ヤハウェという名のなかに現われています。

さて、みなさんの心魂のまえに、私は二つの事実を示したいと思います。その事実は、シビュラの力がいかにキリスト衝動の影響を受けて変化したかを、みなさんに告げるものです。シビュラの力は、心魂のいとなみの無意識の深みで変化しました。

三年前、私はある現象に注意を引かれました。キリスト衝動の影響下に変化したシビュラのことも、ここで示唆したいと思います。

私は『世界史の秘密――精神科学の光に照らした世界史上の諸人物と出来事』（邦訳、水声社、筑摩書房、創林社）という題で刊行されている講義録で、オルレアンの少女という現象を示唆しました。一四二八年に発した、キリスト衝動に貫かれたインスピレーションの影響下にオルレアンの少女が行なったことが、その後のヨーロッパの運命に最大の影響を与えたということを、私は示唆しました。

オルレアンの少女の介入なしには、ヨーロッパの運命がまったく違った経過を辿っていたにちがいない、と外的な歴史学からも理解できます。当時、歴史のなかに介入した神秘的なものを否定するのは、アナトール・フランス[74]のような偏見に満ちた唯物論者のみです。

歴史書のなかでいつでも読めるものを、ここで示唆しようとは思いません。『世界史の秘密』の講義を聞いた人は、オルレアンの少女のなかに近代のシビュラが現われたことを予感できます。それは第五ポスト・アトランティス時代が始まった一五世紀のことです。この時代に、キリスト衝動が意識下の心魂の底から上ってきました。オルレアンの少女のシビュラ的な力が、穏やかに繊細に、高貴な人間の心魂のなかに沈んでいるのを、私たちは見ます。

この機会に、当時の出来事を体験した男性が書いた手紙を読み上げたいと思います。心ある者に、オルレアンの少女のシビュラ的な本性がどのような印象を与えたか、その手紙から明らかになるからです。オルレアンの少女が解放した国王の側近だった人物が、オルレアンの少女が成し遂げたことを述べたあとに書いた文章です。

以上のようなこと、また、そのほかにも数多くのことをオルレアンの少女は成し遂げました。神の助けを得て、彼女はさらに偉大なことを成し遂げるでしょう。彼女は優美さと男性的な態度を兼ね備え、言葉すくなで、驚くべき才知を有しています。彼女の話し方には、女性らしい快い繊細さがあります。彼女は適度に食べ、適度にワインを飲みます。美しい薔薇と武器が、彼女のお気に入りです。武装した高貴な男たちを、彼女は愛しています。会議や多くの人々との話し合いは好きではありません。彼女はときどき涙を流します。そして、楽しそうな顔を愛しています。非常につらい仕事に耐え、武器を身につけたまま六日六夜過ごすほどです。彼女は「イギリスのフランスに対する処し方は正しくない。それゆえ、神は自分を遣わした」と言っています。彼女は国王を心から尊敬しています。「国王は神に愛され、特別の恩寵の下に守護されている」と言っています。国王を監禁しているイギリス軍に「国王は救出される」という知らせがあったのち、国王は貴殿方の甥のオルレアン公によって救出される、と彼女は言っています。

私がこうして言葉でお伝えできるよりも驚くべきことが生じている、ということをお伝えして、侯爵様への手紙を終わりにしたいと思います。この手紙を書いておりますうちにも、オルレアンの少女は、国王が神の加護の下に王位に就くシャンパーニュ地方のランスに向かっております。神が侯爵様を守り、侯爵様の願いをかなえてくださいますように。

一四二九年六月二一日、ビテロミスにて。

フランス国王およびオルレアン公の
顧問官兼侍従長
ボンラミウルク領主
王の家令
ベリー生まれのペルシヴァル　敬具

このように、ペルシヴァルという人物がミラノの侯爵に宛てて、オルレアンの少女について書いています。このペルシヴァルの報告・手紙を読む人は、ここにキリストに貫かれたシビュラが描かれているのを感じるでしょう。

これが一つです。もう一つ注意を向けたいのは、やはり、第五ポスト・アトランティス時代に現われつつある近代の事実です。

ある男が書いたものに注意を向けたいと思います。その人物は、到来する近代に自分が貫かれたと感じました。彼はそのように貫かれたと感じ、「古い占星学が新しい姿、キリストに貫かれた姿で復興する時代がやってくる。正しくキリスト衝動に貫かれると、星々の霊的な文字を読み解ける時代がやってくる」と、無意識に感じました。

この人物は、地球は、今日の唯物論的な地質学が言っているような、単に物質的・鉱物的なものではない、と深く感じました。地球は生きた存在であり、今日の唯物論者が信じようとしているような物体ではなく、心魂を持つ存在である、と彼は感じました。「キリスト衝動を、地球の心魂はオーラのなかに受け取った。自分の心魂を地球のオーラのなかで感じ、キリスト衝動を共に感じる人間は、星々のなかに書かれているものを再び見上げる」と、彼は知っていました。当時は今日の精神科学がまだなかったので、この言葉どおりには語れなかったのですが、このように感じたのです。彼は実際に、星々を見上げました。

そのような探究には迷信が付きものであり、古代の天文学者には多くの迷信が染み込んでいたとしても、この人物は近代の精神生活と深く結び付いていました。彼は、こう語っています。

「地中と地上で経過する、これらの変化と現象、そして他の無数の変化と現象は、規則的かつ正確であって、盲目の原因に拠ると言うことはできない。諸惑星自体は、自らの輝きが地上にどんな角度で差すのか、なにも知らないのだから、地球が心魂を有しているにちがいない。地球は一個の動物なのだ」

通常の意味の動物ではなく、生きた有機体のことを彼は言っているのです。

「人間は地球に、動物の身体のもろもろの部分に類似したものすべてを知覚するだろう。植物と樹木は地球の毛髪だ。金属は地球の血管、海水は地球の飲み物だ。地球には形成力・想像力・動き・病気がある。潮の満ち引きは、動物の呼吸だ。地球の心魂は、一種の炎のように見える。だから、地下に熱があり、熱なしの生殖はないのである。黄道十二宮と天空全体のイメージは、神によって地球の心魂に押印されたのだ」

「これは天と地との絆である。天と地のあいだの共感の原因である。地球の運動と活動の原像は、神・創造者によって植え付けられている」

「心魂は地球の中心にあって、自らの形態・刻印をあらゆる方向に送る。そして、あらゆる調和的な変化と対象物を受け取る。

地球の心魂がそうであるように、人間の心魂もそうである。たとえば、数学の理念と証明を、心魂は自ら作り出す。そうでなかったら、心魂は高度の確実さと確信を持てなかっただろう」

「諸惑星と、その星位は、人間の心魂の力に影響を及ぼす。惑星があらゆる種類の心情の動きと情熱を引き起こす。そうして、しばしば恐ろしい行動と事件を引き起こす。惑星は受胎・誕生に影響を及ぼし、そうして人間の気質と性格に影響を及ぼす。占星学の大部分は、ここに基づく。

おそらく、太陽からは光と熱だけが放散しているのではない。太陽は純粋な悟性の中心・拠点であり、全宇宙における調和の源泉である。あらゆる惑星が心魂を持っている」

「創造全体のなかに、素晴らしい、驚くべき調和が見出される。感覚的なものにおいても、超感覚的なものにおいても、素晴らしい調和が見出される。理念のなかにも事物のなかにも、素晴らしい調和が見出される。自然と恩寵の領域のなかに調和がある。この調和は、事物自体のなかにも、それら相互の関係のなかにも生じる。最高の調和は神である。神は自らのイメージとして、内的な調和をあらゆる心魂に刻印した。数・形・星々・自然は、そもそもキリスト教の秘密と調和している。たとえば、宇宙のなかに三つの静止したものがある。太陽と恒星と、その間にあるものだ。その他のすべては動く。そのように唯一の神のなかに、父・息子・霊がある。球も同様に三位一体[75]を示す（父は中心、息子は表面、霊は中心と表面との距離＝半径）。他の秘密も同様だ。精神と心魂なしには、どこにも調和がないだろう。人間の心魂のなかに、調和的な要因が、無限にさまざまな方法で存在する。地球全体に心魂が吹き込まれている。そのために、地上にも、地球と星々のあいだにも、偉大な調和が生じる。この心魂は地球全体をとおして作用する。しかし、人間の心魂が心臓に位置するように、地球の心魂は地球のある部分に位置する。そこから、焦点あるいは泉のように、作用が地球の大洋と大気のなかに発する。だから、地球と星々のあいだには共感があり、規則的な自然の作用があるのだ。気象と星位を観察すると、地球が本当に心魂を有することが明らかに示される。星位をとおして、心魂は毎回、生み出される。ある相と星位の下では、空気はいつも騒がしい。そのような星位でなかったり、それが早く過ぎ去ると、空気は静かだ」

一六〇七年に、このように書いた人物がいます。近代が始まったとき、彼のなかには、キリストに浸透された占星学が生き、脈打っていました。その占星学は、占星術的な迷信という影をもたらします。しかしこの人物は、最も敬虔な心情からこれを書きました。

元素の世界からやってくる力を、シビュラが用いるのが、かつては当然でした。のちには、それは不当になります。この人物は、そのような霊たちが、地球を包む大気、地球の元素のなかに定住していることは否定できない、と言っています。彼は、星々と地球のあいだのコミュニケーションを形成するものを、霊と言っています。

「そのような霊たちが、かつて、偶像・樫《かし》をとおして人間に神託を伝えたことは否定しようがない。森林・洞窟から、動物などをとおして神託を与えたのである。鳥の飛行から予言をするのは、単に人を欺く偽りの術なのではなかった。霊たちは、鳥が空中を飛ぶ方向に沿って活動した。この霊たちをとおして、神の許しを得て、人間に多くのことが前以て示唆された。今日でも、梟《ふくろう》・禿鷹《はげたか》・鷲《わし》・烏《からす》などは不吉な鳥とされている。ただ、侮《あなど》られるにつれて、そのような例は稀《まれ》になった。神の法則とキリスト教の教えに従って働いている霊たちは、侮られるのに耐えられないからである。侮られると、彼らは立ち去り、沈黙する。嘘つきの悪魔が、まだ動物をとおして語ることができ、蛇をとおしてエヴァと語った。そのように、悪魔は人間を誘惑した。爾来《じらい》、彼らは動物の体や動きをとおして人間と語ることができるたびに、その力を乱用し、神のごとく崇拝され、哀れな人間たちを誘惑した。それが彼らの風習になった。キリストは悪魔の仕事を壊し、これらの霊たちを黙らせるために来たのか。霊たちは神殿の影像、森林、洞窟、長く憑依してきた土地を失い、空虚な空気のなかのそこかしこにいて、神の許可の下に叫びまわっている。彼らはしばしば神の懲《こ》らしめの鞭《むち》の役目を果たし、しばしば神は人間に霊たちをとおしてものごとを告げる」

この人物は、いかに霊的な啓示がキリストに貫かれるかを、かすかに暗示しています。彼は、本当にキリストに貫かれた志操で研究しているからです。一六〇七年に、この人物は神霊世界で生じた転換について語っています。

この人物はだれでしょう。ただのおしゃべりな男で、その言葉は聞き流してもよいのでしょうか。そうではありません。この人物なしには、今日の天文学と物理学は存在しなかったでしょう。ヨハネス・ケプラー[76]です。唯物論者あるいは一元論者であると同時に、ヨハネス・ケプラーを偶像のように崇拝している人々に、ケプラーのこのような文章を心に留めるよう忠告したいものです。

最も偉大な天文学の法則、ケプラー[77]の三法則が、今日の天文学全体を支配しています。しかし彼は、第五ポスト・アトランティス時代に次第にやってくるもの、地球進化のなかに入ってくるものについて、このように語っているのです。いま新しい衝動に貫かれて、星々と関連する霊的な作用を認識することに、ふたたび慣れなくてはなりません。

パルツィヴァルがまだ何も知らずに聖杯の城に入り、問う用意ができていなかったのは、どんな時だったのでしょう。ヴォルフラム・フォン・エッシェンバッハが受け入れた伝承によれば、それはどんな時だったのでしょう。

パルツィヴァルが聖杯の城に入ります。傷ついたアン[78]フォルタスが横たわっています。パルツィヴァルが入ってくると、無限の苦痛が引き起こされます。これは、どんな時なのでしょう。いつ、パルツィヴァルは聖杯の城に入ったのでしょうか。

伝説は、「それは土星の日だった」と語っています。土星と太陽が、ともに蟹座にあり、南中しています。地球と星々の関係が、親密な作用を及ぼしていることが、私たちには分かります。それは土星の日だったのです。

パルツィヴァルはどのようにして次第に知識を得ていったのかを探究すると、私たちには何が分かるでしょうか。パルツィヴァルは無知でした。知らずに、彼は受け取りました。彼は何を、知らずに受け取ったのでしょう。

「キリスト衝動は心魂の地下を流れる。表層では神学的な口論が行なわれ、伝統的なキリスト教が現われる」と、私は話しました。伝説がパルツィヴァルの姿をどう描いているか、追っていきましょう。「彼はあらゆるものについて、なにも知らない」というのです。表面で起こったことから、彼は遠く離れています。彼はなにも知りません。表面で起こるものすべてから、彼は守られていたのです。彼はすべてを、心魂の地下の泉から汲み出します。

きのう知ったように、まず彼は聖杯の城を立ち去りました。死んだ婚約者を膝に抱いて泣いている女についてなにも知りません。神秘的な力との結び付きをもたらす隠者について、なにも知りません。聖杯の力について、なにも知りません。彼が隠者のところに行ったのは聖金曜日なのですから、まだ無意識に聖杯の力が彼のなかに作用しているのです。

彼は表面意識で生起していることを、なにも知りません。近代に現われる意識下の源泉と関連している人物なのです。この源泉から汲むべき人物です。外界で人間にもたらされるものに触れていない無垢の心魂を有しており、聖杯の秘密を受け取るべき人物です。最高に純粋で高貴な心魂の力によって、彼は聖杯の秘密を受け取るべきなのです。

聖杯の秘密を完全に体験すべき心魂の力を発展させていない者に、彼は出会います。アンフォルタスに出会うのです。アンフォルタスは、たしかに聖杯の保管者に選ばれました。しかし、彼は人間本性の低次の力に落ち込みました。どのようにして彼が人間本性の低次の力に陥ったかが問題です。彼は情欲と嫉妬から、敵を殺したのです。

繰り返し誤解されるので、人智学《アントロポゾフィー》は禁欲を教えるものではない、ということを示唆しておかなくてはなりません。ずっと深いものが、背後に潜んでいるのです。

それは、外に現われない自然元素の力、考察されなかった自然元素の力です。その力は通常の生活において表明されるのではありません。その力は神霊世界との関連において、第三ポスト・アトランティス時代には、まだ表明されていました。人間の血液系・神経系のなかに元素をとおして脈打つものが現われ、秘密を受け取りました。感覚的な禁欲が大事なのではなく、神聖な秘密に気づくことが大事なのです。第三ポスト・アトランティス時代には、地上の人間を司る力によって、まだ秘密を受け取ることができました。

地上の職務と結び付いているものを乗り越える可能性を見出すとき、神聖な秘密が、純粋で無垢な心魂の力にのみ現われる時代がやってきました。人智学は、地上の職務から疎遠になろうとしません。しかし、人間は地上の職務から立ち上がらねばなりません。古代の占星学の時代には有効であった地上の職務から立ち上がらねばなりません。新しい方法で古代の秘密に精通しようとするなら、立ち上がらねばなりません。あらゆる地上的なものから自由になった、無垢の心魂の力によって、人間は立ち上がらなくてはなりません。

古代ヘブライはシビュラに対抗するものを創造しました。いまや、別の対抗物が作られねばなりません。古代ヘブライは厳格に、「占星学においては正当であったシビュラの力をなくさなくてはいけない。シビュラの力を、完全になくさねばならない。われわれは、地球神ヤハウェに拠《よ》る」と、示唆しました。

こうして、あらゆる上からの啓示に対して反感を抱き、下からの啓示すべてを受け入れました。天から啓示されるものを恐れたのです。そのようなあり方が、しばらく地上を支配しなくてはなりませんでした。しばらくのあいだ、上から来るものに対抗するものが、地上で通用しなくてはなりませんでした。シビュラの力のなかに、不正なルシファー的なものを人々は見ました。

しかし、キリスト存在がナザレのイエスの身体のなかに下ったあと、上から来るものがキリストに貫かれました。いまや、人間はふたたび上方を見てもよくなりました。いまや、地球の主と月の母との結合によって、なにかが変化しました。地球のオーラのなかに注ぎ出たキリストが、地球の主、地球の霊になったからです。

アーサー[79]王の宮殿で育成されたような宇宙の問題に、人間は地球の力によって接近できました。アンフォルタスの場合のように、聖杯の秘密には、地球の力の作用で近づいてはなりませんでした。そのような力で聖杯の秘密に近づこうとする者は、苦痛を負うことになります。そして、星々の作用がキリストに貫かれたので、外的・表面的な口論の影響を受けなかった人、カルマによって心魂がキリストに受け入れられた人は、土星の時を象徴する力と関連しています。「土星と太陽が同時に蟹座のなかにある」という象徴です。

意識下の心魂の底にキリスト衝動が働くパルツィヴァルは、土星の力をたずさえてきて、傷を燃やします。

どのようにして新しい時代が告げられるかを、私たちは見ます。パルツィヴァルの心魂は意識下の、キリスト・オーラに貫かれた歴史衝動、キリスト衝動と繫がります。しかし、下方で支配したもの、人類の歴史を導いたものが、しだいに上昇しなくてはなりません。無垢で純粋な心魂の力で近づかないと決して理解されないものを、彼は次第に理解することを学ばねばなりません。

それは、伝統的な知識・学識によって接近すると、決して理解されないものです。それは古代ヘブライに退けられたものが改新・改編されたものです。

乙女のように見える母がキリストを膝に抱いているのを、思い描きましょう。このイメージを神聖に感受できる者は、聖杯を感じます。ほかの光、ほかの神々を、神聖な器は隈なく照らします。その器はキリストに触れられた月の母、新しいエヴァ、太陽神霊キリストの担い手です。

パルツィヴァルの心魂のなかを見ましょう。聖杯の城を出た彼は、花婿と花嫁の姿を見て、意識下のキリストの力と結び付きます。聖杯のイメージが、星々の文字をとおして空に書かれる復活祭に、隠者がどのようにパルツィヴァルの無垢の心魂を教育したか、見てみましょう。パルツィヴァルがどのように昼夜、馬で行ったか、追っていきましょう。昼は自然を眺め、夜は空の聖杯のしるしが、しばしば彼の前にありました。

馬で行く彼のまえに、三日月が黄金に輝くのを追っていきましょう。その三日月のなかには、聖餐式のパン、キリスト神霊、太陽神霊があります。処女のような母と花婿・息子のイメージとの協和をとおして、いかに彼が聖杯の秘密を理解する準備をされたかを見ましょう。地球の運命に浸透したキリスト衝動が、彼の心魂のなかで、改新された星の文字といかに協同するか、見てみましょう。キリストに貫かれたものが、いかに星々の力と類縁か、見てみましょう。彼は土星の時期に聖杯の城に入らねばならないので、正しい聖杯の保管者でなかったアンフォルタスの傷を燃やさねばなりませんでした。

なんらかの言葉や哲学的な思弁で聖杯に接近できることは決してありません。それらの言葉を感受へと変化させ、あらゆる神聖なものの集大成を聖杯に感じることができるとき、人は聖杯に近づきます。月からやってきたものは、まず地球の母エヴァのなかに現われ、ついで改新されて、処女的な母のなかに現われます。ヤハウェ神のなかで地球の主になった者は、新しい地球の主として、地球のオーラのなかに流出したキリスト存在のなかに現われました。その合流を人々は感じます。星々から下方に作用して、星の文字をとおして象徴されるものが、この地上の人類進化と合流するのを人々は感じます。

これらすべてを考察し、人類の歴史と星々の文字との協和を感じると、パルツィヴァルに託された秘密を私たちは把握します。パルツィヴァルに告げられた言葉の余韻が、伝説のなかに響いています。「聖杯の王、聖杯の守護者が死ぬたびに、相応しい後継者の名が聖杯の上に現われる」。その名を読むべきです。つまり、星々の文字を新しい形でふたたび読むことが求められています。

この星々の文字を新しい形でふたたび読むことを学ぶのに相応しい者となるよう、試みましょう。新しい形で、星々の文字を読もうと試みましょう。私たちが人間の進化を土星進化・太陽進化・月進化・地球進化からウルカヌス星進化まで辿っていこうと試みるのは、根本的に、星々の文字を読むことにほかなりません。しかし、どのような関連で私たちが星々の文字を現代において解読するかを認識しなくてはなりません。それに相応しい者になりましょう。聖杯は本来の場所から運び去られ、しばらくのあいだ外的には知覚されない、と語られているのには理由があります。

私たちが育成する人智学は、新たな聖杯の探求です。かつて意識下の心魂の底から語られたもの、次第に人間の意識のなかに現われてきたものの意味を知ろうと試みましょう。それを次第に意識的な言葉に変えようと試みましょう。地上と天空の関連を解明できる叡智を築こうと試みましょう。古い伝統なしに、現代に開示される叡智を見出そうと試みましょう。

そして、いかにパルツィヴァルが聖杯の秘密に到ったかを見ることをとおして、私たちのなかに生じる感受に貫かれましょう。人間はまず最も外的な分野、最も外的な学問の分野で、地球と宇宙の力の結び付きを探求しなければならなかったので、その秘密は閉ざされたままです。

ケプラーのような人物が、数学的・力学的に天空の法則を理解したということも、私たちは理解しましょう。しかし、彼が本当にキリスト衝動に貫かれて述べたものは、ふたたび意識下の心魂の底に沈まねばなりませんでした。私たちが今日語ることのできる地球進化が、いかに宇宙と関連しているかを、彼はこう語っています。

「たとえば、宇宙のなかに三つの静止したものがある。太陽と恒星と、その間にあるものだ。その他のすべては動く。そのように唯一の神のなかに、父・息子・霊がある。球も同様に三位一体を示す（父は中心、息子は表面、霊は中心と表面との距離＝半径）。他の秘密も同様だ。精神と心魂なしには、どこにも調和がないだろう。人間の心魂のなかに、調和的な要因が、無限にさまざまな方法で存在する。地球全体に心魂が吹き込まれている。そのために、地上にも、地球と星々のあいだにも、偉大な調和が生じる。この心魂は地球全体をとおして作用する。しかし、人間の心魂が心臓に位置するように、地球の心魂は地球のある部分に位置する。そこから、焦点あるいは泉のように、作用が地球の大洋と大気のなかに発する。だから、地球と星々のあいだには共感があり、規則的な自然の作用があるのだ。気象と星位を観察すると、地球が本当に心魂を有することが明らかに示される。星位をとおして、心魂は毎回、生み出される。ある相と星位の下では、空気はいつも騒がしい。そのような星位でなかったり、それが早く過ぎ去ると、空気は静かだ」

「地中と地上で経過する、これらの変化と現象、そして他の無数の変化と現象は、規則的かつ正確であって、盲目の原因に拠ると言うことはできない。諸惑星自体は、自らの輝きが地上にどんな角度で差すのか、なにも知らないのだから、地球が心魂を有しているにちがいない。地球は一個の動物なのだ。人間は地球に、動物の身体のもろもろの部分に類似したもののすべてを知覚するだろう。植物と樹木は地球の毛髪だ。金属は地球の血管、海水は地球の飲み物だ。地球には形成力・想像力・動き・病気がある。潮の満ち引きは、動物の呼吸だ。地球の心魂は、一種の炎のように見える。だから、地下に熱があり、熱なしの生殖はないのである。黄道十二宮と天空全体のイメージは、神によって地球の心魂に押印されたのだ」

この黄道十二宮のイメージが地球の心魂、地球のオーラのなかに刻印されているのを、今日わたしたちは見ます。そして私たちは次第に、ケプラーの宇宙観の別の面まで研究します。まだ意識下の心魂の底にとどまらねばならなかった部分まで研究します。その部分は、私たちが今日提供できる宇宙論において成就しました。人智学はそのように深く、人類進化のなかに基礎づけられています。聖杯から私たちに響いてくる警告に、人智学は密接に関連しています。

私たちは古代のヨーロッパ・西洋を考察します。そして、アトランティス時代の思い出から、ポスト・アトランティス時代に復興したものを見ます。私たちは古代ギリシア、アポロン崇拝のなかに、その最後の余韻が響いているのを見ます。それは、かつて上方の世界で、のちのナタン系イエスがキリストに貫かれたこと、キリストに貫かれたナタン系イエスが地上に下ってゴルゴタの秘儀を行なったことを示します。

この経過を追って、「いったい、キリストはどこから来たのか。地球の主になるために、上から下に移ったとき、キリストはどのように移ったのか」と、私たちは問います。キリストは西から東へ、東から再び西へと移ったのです。高次の神霊存在の領域から、外的な覆いのなかに下ってきたのです。高次の神霊存在たちがキリストを下方に運びました。キリストは高次の神霊存在たちに属しています。

「天使の群れがティテュレル[80]に聖杯をもたらした。キリストたるイエスについての本当の秘密、地球の主と処女的な母の関連についての秘密をもたらした。そして、天使の群れが高次の神霊存在の領域で、ふたたびキリストを待っている」と、パルツィヴァル伝説は語っています。

そこにキリストを探せば、人智学的世界観が探求するものを私たちは理解します。そして私たちは次第に、聖杯の星界的な面から、聖杯の人間的な面についての感情・感受へと進んでいきます。イエスとともにいる母、キリストとともにいる母へと進みます。

こうして私たちは、神霊の力に担われた人類の歴史を示唆しようと試みました。私がこの話によって、みなさんの思考だけでなく、みなさんの心情のなかに刺激しようとしたものを、みなさんがいくぶんかお感じになったら、この連続講義には意味がありました。私はこの連続講義を、『聖杯の探求』と名付けることができるでしょう。

あらゆる宗教の調和を目指すものが、本当に地球に広まる信条をいつか見出すかどうかは、各人の判断に委ねられています。自分で決断せよと、各人に委ねられています。宗教の統一と言われるものが、なによりも私たちがここで述べた聖杯の探索から生じるかどうかも、各自の心魂が判断することです。ほかにも多くの人々が宗教の統一について語っていますが、それらはまったく別ものでしょう。

偏狭な信条に固執しようとする人は、ここで語られたことを、たしかに最初は納得できないでしょう。そのような人の耳は表に現われたもののみを聞きます。霊的なキリスト本来の行為の外側のみを知覚します。カルマをとおしてキリストの霊的な行為に導かれた者は、地球の宗教の一致の偉大な模範となります。パルツィヴァルは、そのような者になりました。私たちは、その姿を心魂のまえに導こうとしました。

聖杯がヨーロッパでは見えなくなったとき、聖杯は十字軍遠征の彼方の国、プレスター・ヨハネスの領地に運ばれていった、とパルツィヴァル伝説は語っています。この伝説の続きを、私たちは考えます。十字軍遠征のころ、パルツィヴァルの後継者、プレスター・ヨハネスのことを、人々はまだ尊敬していました。しかし、「地上的・地理的な形で語られてはいるが、プレスター・ヨハネスの地は地上には見出されない」と、言わねばなりません。

パルツィヴァル伝説の続きを記したヨーロッパの伝説のなかに、キリストはそのとき以来、東洋の地下でも活動する、という予感が存在します。東洋で表面意識のなかで演じられる宗教の闘争は、本物のキリスト衝動の流出と啓示によって圧倒されるだろう、という予感です。西洋では、それはパルツィヴァルの示したものによって始まりました。

聖杯から輝く日光は、地球のあらゆる神々を照らします。それは、乙女が黄金に輝く器を広間に持ってきたとき、聖杯の輝きが他の光を圧倒したという場面に、象徴的に暗示されています。今日、西洋に現われている光に、まだ無意識に作用するキリストの力が変化した形で加わるのを、私たちは待望できます。「光は東方から」という古い言葉が、それを告げています。光と光が結び付きます。

かつて超感覚的領域でキリストがナザレのイエスを貫いたとき、東洋へと移るためにキリストが辿った地理的な文化の流れの土壌の上に立つ準備が私たちにできていることが必要です。地上以前のキリストの開示のなかでキリストの活動がなされたことを、私たちは目にします。やがて、地上の他の信条がキリストの衝動に貫かれるときに、私たちに告げられるものを、誤解せずに理解できる能力を持ちたいものです。

74【アナトール・フランス】（1844―1924）
フランスを代表する小説家、批評家。ノーベル文学賞受賞。

75【三位一体】
キリスト教で、父、子、聖霊。父なる神は創造する者、子なる神は父なる神に創造された者、聖霊は父なる神と子なる神から発する者。

76【ヨハネス・ケプラー】（1571―1630）
ドイツの数学者、自然哲学者。天体の運行法則に関する研究で知られる。

77【ケプラーの三法則】
一六一九年にヨハネス・ケプラーによって解明された惑星の運動に関する法則
第一法則　惑星は太陽をひとつの焦点とする楕円軌道上を動く。
第二法則　惑星と太陽とを結ぶ線分の描く面積は単位時間あたり常に一定である（面積速度一定）。
第三法則　惑星の公転周期の2乗は軌道の半長径の3乗に比例する。

78【アンフォルタス】
モンサルヴァート城の王。漁夫王。病んだ聖杯王。

79【アーサー王の宮殿】
アーサー王の騎士たちにあこがれ、騎士になるべく旅に出たパルツィヴァルがたどり着く場所。ケルトのキリスト教の流れの中心。アーサー王の円卓の騎士たちは後に聖杯探求の旅に出る。

80【ティテュレル】
アンフォルタスの父。

ロセッティ「ジャンヌ・ダルク」1882

解説　あとがき

私の心臓を聖杯として
汝へと高める。
私の心臓は汝の純粋な糧を渇望して
血のすべてを失った。
おお、キリストよ。

汝の血の燃焼をもって
私の心臓を満たせ。
地球の夜と昼を通じて、
私はその燃焼を担う。
汝は存在する。

クリスティアン・モルゲンシュテルン

聖杯伝説

「人類がしだいに把握していく〈隠れた知〉を、象徴的に〈聖杯〉の認識と呼ぶことができる。物語や伝説に語られている聖杯の深い意味を理解することを学んだ者は、キリストの秘密を中心とする近代の秘儀参入の認識の本質を、聖杯というイメージがよく象徴していることを認めるであろう。だから、近代の秘儀参入者たちは、〈聖杯の秘儀参入者〉とも呼ばれる。本書で初歩段階を叙述した超感覚的世界への道は、〈聖杯学〉へと導くものだ」と、シュタイナーは主著『神秘学概論』（イザラ書房ほか）に書いている。

光り輝く天使ルシファー、最も美しい天使ルシファーが、神への反逆心を抱いたために天から堕ちるとき、その額から宝石が取れた。それを天使たちが加工したのが聖杯である。この聖杯は、最後の晩餐においてイエス・キリストに用いられ、また、十字架上のイエス・キリストから流れる血を受け取ったとされる。

聖杯の探求を物語るヴォルフラム・フォン・エッシェンバッハ『パルツィヴァル』については、拙著『こころの育て方――物語と芸術の未知なる力』（河出書房新社）ならびに『ゴルゴタの秘儀――シュタイナーのキリスト論』（アルテ）のなかで触れたので、ここでは、より古い聖杯文学であるクレティアン・ド・トロワ『ペルスヴァル』を概観しておこう。

ある春の朝、カラス麦畑の向こうの森に、少年ペルスヴァルは入っていった。すると、森の奥から馬と武具の音が聞こえてくる。ペルスヴァルは「悪魔か」と思ったが、現われたのは五人の騎士であった。その甲冑の美しさに、ペルスヴァルは「神と天使たちだ」と思う。「あなたは神ですか」と質問すると、「騎士だ」という答えが返ってくる。騎士たちの王は五日前までカルデュエルに滞在していた、とペルスヴァルは騎士から聞く。

こうして、ペルスヴァルは騎士になるべく、旅立つ。彼を見送る母は、「婦人を危機から救うこと。神に祈ること」という忠告を与える。息子が出発すると、母は気を失って倒れた。

翌朝、彼は豪奢な天幕を見つけ、教会だと思って中に入った。そして、ベッドに寝ている婦人に接吻し、エメラルドの指輪を奪い、パテを平らげる。

カルデュエルに向かう途中、彼は赤い甲冑の騎士に出会い、その甲冑をほしいと思う。この騎士はアーサー王を侮辱して、黄金の杯を奪ってきたところであった。ペルスヴァルはアーサー王の宮殿に行って、騎士にしてくれるよう頼み、許される。最高の騎士に出会うまでは決して笑わないと言われていた乙女が、ペルスヴァルを見て、笑って挨拶をした。

ペルスヴァルは外にとって返し、赤い甲冑の騎士を投げ槍で殺す。その甲冑を身につけた彼は、その足でゴルヌマン・ド・ゴール（グルネマンツ）の城に着いた。ゴルヌマンはペルスヴァルに騎士の心得を教える。「慈悲を乞う相手を殺さない。礼儀正しく慎ましく、喋りすぎてはいけない」という忠告を、ペルスヴァルは受けた。

母に会いたくなったペルスヴァルは、ある城にたどりつく。ゴルヌマンの姪ブランシュフルールの城である。この城は敵に包囲されていたのだが、ペルスヴァルは敵を倒す。

母に会うべく、ペルスヴァルはブランシュフルールの城をあとにする。日は西に傾き、ペルスヴァルはどこに宿を取ろうかと、池で釣りをしている人に尋ねる。その釣り人に教えられた道を進むと、突如として城が見えてきた。その城の広間でベッドに伏しているのは、さきほどの釣り人＝漁夫王である。彼はペルスヴァルに剣を与える。広間に、小姓が血の滴る槍を運んでくる。そして、美しい乙女が聖杯を運んでくる。それが何なのか、ペルスヴァルは訊いてみたいのだが、喋りすぎてはいけないという忠告に従って、黙している。豪華な晩餐会が始まる。宴が終わると、苦痛のため不随な体の漁夫王は、寝室に運ばれていく。

翌朝、ペルスヴァルが目を覚ますと、城のなかには誰もいない。

城を出て森を行くと、ある乙女が恋人の死骸を抱いて泣いているのに出会う。彼女はペルスヴァルの従妹である。「血の滴る槍と聖杯について質問していたら、漁夫王は癒されていたのだ」と、彼女は語る（この乙女ジグーネが抱いている恋人シオナトゥーランダーは、シュタイナーの前世である）。

森を行くと、惨めな姿で馬に乗せられている女に出会う。かつてペルスヴァルが接吻し、エメラルドの指輪を奪った、天幕の婦人である。彼女はペルスヴァルの狼藉ゆえに恋人に疑われ、このような目にあっているのだ。ペルスヴァルは、彼女の恋人の誤解を解くことができた。

ある雪の朝、鷹に襲われた雁の血が三滴、雪の上に滴っているのを見て、ペルスヴァルはブランシュフルールのことを思い、夢想に耽っている。そこにやってきたゴーヴァン（ガウェイン）とともに、ペルスヴァルはアーサー王の宮殿に戻る。

ペルスヴァルが帰ってきたので、祝宴が始まった。その三日目に醜い女がやってきて、聖杯の城でのペルスヴァルの失態を叱責する。

それから五年のあいだ、ペルスヴァルは六〇人の騎士に勝ったが、完全に神を忘れ、教会に入って祈ることもなかった。

そして聖金曜日、頭巾を被り、毛織りの衣をまとって裸足で歩いている一行に、彼は出会う。森に棲む隠者を訪れて、告解してきた騎士と婦人たちである。後悔するペルスヴァルは、その隠者の庵を訪れる（シュタイナーが本書『聖杯の探求――キリストと神霊世界』第五講に引用している箇所である）。

クレティアン・ド・トロワ『ペルスヴァル』は、隠者の庵でペルスヴァルが清められる場面で、未完のまま終わる。ヴォルフラム・フォン・エッシェンバッハ『パルツィヴァル』では、このあとパルツィヴァル＝ペルスヴァルの名が聖杯に現われたことを、聖杯の使者クンドリー（かつてパルツィヴァルの失態を叱責した醜い女。シュタイナーによれば、ヘロディアの生まれ変わり）が告げにくる。そして、聖杯の城に赴いたパルツィヴァルが漁夫王アンフォルタスに問いを発して傷を癒し、聖杯王になる様子が物語られる。

森の隠者はパルツィヴァルの伯父（母の兄）に当たる。パルツィヴァルの母は、シュタイナーによれば、ユリアヌス帝（背教者ユリアヌス）の再来である。ローマ帝国にあったギリシア神殿における密儀で体験した壮麗な太陽神のイメージ、当時の粗野なキリスト教とは比較にならない圧倒的な神体験が、パルツィヴァルの母ヘルツェロイデ（ヘルツェライデ）としての人生に受け継がれている。パルツィヴァル自身は、エジプトのサイスの若者、「ルカ福音書」七章のナインの若者、マニ教創始者という、一連の〈寡婦の子〉としての人生を経てきていた。

シュタイナー人智学における聖杯

『聖杯の探求――キリストと神霊世界』は一九一三年一二月二八日から翌年一月二日にかけて、ライプツィヒで行なわれた六回の連続講義である。一九一四年にシュタイナー連続講義録第三一巻として出版され、一九六〇年にシュタイナー全集第一四九巻に収められた。

また本書には、シュタイナーのキリスト論の核心が述べられている「人智学によるキリスト認識」（一九二二年四月一五日、ロンドンにおける講義。一九三九年刊）と「キリスト精神は宗教を超える」（一九〇八年五月一三日、ベルリンにおける講義。一九五二年刊）の二つを冒頭に訳出した。

本書以外に、シュタイナーが聖杯に触れた講義を紹介しておくことにする。

まず、一九〇五年一〇月（『秘教の基本要素』全集九三ａ巻）に、聖杯のロッジから遣わされたローエングリン（パルツィヴァルの息子）が、白鳥で象徴される位階の秘儀参入者であることが述べられている。

一九〇六年一月（『神殿伝説と黄金伝説』国書刊行会）にシュタイナーは、「十字架で象徴されるものを越える力は、逆三角形の象徴で表わされる。この力は人間のなかで、神的なものに高まろうとすると、上向きの三角形で象徴される。神々は人間から去った。しかし、神々は人間のなかに三角形を残し、その三角形は人間のなかでさらに進化する。この三角形は聖杯の象徴でもある」と語っている。同年三月（『世界の謎と人智学』全集五四巻）には、アーサー王の騎士と聖杯の騎士の相違が述べられ、六月（『宇宙の開闢』全集九四巻）には、ふたたび白鳥の騎士ローエングリンに言及している。

同年七月〜翌年二月（『キリスト密儀』全集九七巻）には、人間はいつか植物のように純粋無垢になり、植物の萼《がく》は変化した聖杯であること、そして、聖杯を守る者たちが北スペインの神殿にいることが語られている。さらに、ワーグナー『パルジファル』に触れて、「聴衆はワーグナー独特の音楽をとおして、エーテル体のなかに特別な振動を受け取る。聖杯の秘密を受け取るのに相応しく自分を清めるなら、そのメロディーのなかには人間のエーテル体のなかにあるべき振動が存在する」と、シュタイナーは言っている。

一九〇七年九〜一二月に『神話と伝説——秘められた印と象徴』（『色と形と音の瞑想』風濤社、所収）で、シュタイナーは「変化した喉頭が聖杯と呼ばれることになる」、「植物の萼は無垢に、太陽に向かって伸び、結実器官を太陽に向けて成長させている。同様に、人間は喉頭を萼＝杯として、霊的な日光に差し出すようになる」と話している。同年一一〜一二月（『可視の世界における自然存在と霊存在の働き』全集九八巻）には、「喉頭はふたたび無垢・純粋な萼になり、神聖な愛の槍によって受胎する。これが聖杯の象徴・理想である」と言っている。同年一一月の『心魂と精神の認識』（全集五六巻）でも、同じことが述べられている。

一九〇九年四月に『輪廻との関連における精神の経済原則』（『輪廻転生とカルマ』水声社、所収）でシュタイナーは、「個我の外的・物質的表現は血液である。これは大きな秘密だ。この秘密を守る秘儀参入者たちの兄弟団が作られた。聖杯の兄弟団である。この兄弟団の始祖は杯を受け取った、と言われている。その杯をキリスト＝イエスは最後の晩餐のときに用い、この杯のなかに、十字架に懸かった救世主の血が受け取られた、と言われている。この始祖は個我を表現する血をこの杯、聖杯のなかに集めた」と、述べている。同年五月（『どこで如何に霊を見出すか』全集五七巻）には、ヴォルフラム・フォン・エッシェンバッハが『パルツィヴァル』で、人間の心魂の三つの段階、すなわち〈愚かさ・疑い・至福〉を描いていることについて語っている。同月（『ヨハネ黙示録の象徴文字』全集一〇四a巻）には、自らの個我に立脚する人間が聖杯の騎士パルツィヴァルであり、そのような〈パルツィヴァル心魂〉が薔薇十字の行法を導入した、と述べている。同年六月（『ヨハネ福音書と共観福音書——特にルカ福音書との関係』全集一一二巻）には、聖杯の流れが薔薇十字のなかに継続していることが語られている。同年八月（『西洋の光のなかの東洋』水声社）には、聖杯が宝石（人間個我の完全な力）から作られる経過が話されている。

一九一〇年六月（『民族魂の使命』イザラ書房）には、キリスト秘教が聖杯の秘密をとおして、そして薔薇十字をとおして作用を続けることが語られている。

一九一三年二月に『東方の秘儀とキリスト教の秘儀』（『秘儀参入の道』平河出版社、所収）で、聖杯には東方の密儀がふたたび現われており、アーサー王の円卓騎士が感受的心魂、聖杯が悟性的心魂（心情的心魂）、そしてパルツィヴァルが意識的心魂を代表することが指摘されている。西方のアーサー王の流れ（ケルトのキリスト教）は太陽エーテルの力を担い、東方の聖杯の流れは心（アストラル体）の浄化から生まれる叡智を担う。パルツィヴァルがアーサー王の騎士として聖杯王となることで、この双方の流れは結合する。同年三月（『人間の秘教的発展は物質的身体・エーテル体・アストラル体・自己にとってどのような意味を有するか』全集一四五巻）には、楽園伝説と聖杯伝説について語られており、〈小宇宙の聖杯城〉が松果腺・松果体である、と述べている。

一九一八年一一月（『歴史症候学』全集一八五巻）には、アーサー王の流れに平行する聖杯の流れ、アーサー王の流れと対照的な聖杯の流れが述べられている。一九一九年一二月（『ミカエルの使命』全集一九四巻）には、聖杯の神殿について語られている。ロマネスクからゴシックへの移行期に、その神殿ができた、とシュタイナーは言っている。

一九二〇年五月（『大宇宙と小宇宙の対応』全集二〇一巻）には、アーサー王の騎士とパルツィヴァルの相違について述べられている。一九二一年四月（『人類進化の展望』全集二〇四巻）には、アリマタヤのヨセフがイエスから流れる血を集めた聖杯の秘儀が血の秘密であると語られ、聖杯の城がモンサルヴァッチュにあることが語られている（「ヨーロッパの人間は聖杯に到達しない。聖杯にいたるために歩むべき道は、誕生から死までの道のように遠いからだ」と言われる）。

一九二二年七月（『三位一体の秘密』全集二一四巻）には、聖杯を守護する死者たちのことが語られている。同年一〇月（『人類の世界史的生成の基本衝動』全集二一六巻）には、アジアからヨーロッパ（アラビアからギリシアーイタリアーアフリカ北部ースペインーフランスーイギリスを通ってアイルランド）への精神的な流れがゴルゴタの秘儀を秘教的に把握し、キリストの秘密をイメージ的に示すのが聖杯物語である、と話している。また、スペインのモンサルヴァッチュに建てられた城に住む聖杯の騎士たちが、ゴルゴタの秘儀から発した衝動の作用を守っている、と述べている。

一九二三年三月（『霊的な力をとおして世界史的事件に衝動が与えられる』全集二二二巻）には、パルツィヴァルが示す人間の心魂の発展段階、愚かさ・疑い・至福について、ふたたび語られている。

そして、一九二四年八月（『カルマ的関連の秘教的考察』第六巻、全集二四〇巻）に、「西から異教的なキリスト教、アーサー王のキリスト教が現われ、東から、キリストは人間の心のなかに入った。両者の出会いは、八六九年になされた。内的に心のなかに根差す流れは、のちに聖杯の流れになった」と、シュタイナーは述べている。

＊

右に記したもののほかに、シュタイナーがキリスト教を扱ったものには、著書『神秘的事実としてのキリスト教と古代の密儀』(アルテ)をはじめとして、連続講義『人類進化とキリスト認識』(全集一〇〇巻)、『ヨハネ福音書講義』(春秋社)、『黙示録の秘密』(水声社)、『ルカ福音書講義』(イザラ書房)、『キリスト衝動と個我意識の発展』(全集一一六巻)、『創世記の秘密』(水声社)、『マタイによる福音書講義』(『イエスを語る』筑摩書房、所収)、『マルコ福音書補遺』(全集一二四巻)、『イエスからキリストへ』(アルテ)、『マルコ福音書講義』(人智学出版社、アルテ近刊)、『バガヴァッド・ギーターとパウロ書簡』(全集一四二巻)、『第五福音書』(イザラ書房)、『キリストと人間の心魂――人智学とキリスト教』(全集一五五巻)、『ゴルゴタの秘儀認識への礎石』(全集一七五巻)、『新しい精神性と二十世紀のキリスト体験』(全集二〇〇巻)、『哲学・宇宙論・宗教』(全集二一五巻)、『人間と地球の生命――キリスト教の本質』(全集三四九巻)がある。

また、単発の講演を集めたものとして『精神科学の根源衝動』(全集九六巻)、『福音書の光に照らした人類生成の秘密』(全集一一七巻)、『エーテル界へのキリストの出現』(アルテ)、『新しい霊的啓示の使命――地球進化の中心的出来事としてのキリスト事件』(全集一二七巻)、『秘教的キリスト教と人類の霊的指導』(全集一三〇巻)、『超感覚的なものの体験――キリストへの道』(全集一四三巻)、『ゴルゴタの秘儀の前段階』(全集一五二巻)、『キリスト衝動をとおしての人類の精神的結合』(全集一六五巻)、『太陽密儀と死と復活の密儀――キリスト公教とキリスト秘教』（全集二一一巻）などがある。

シュタイナーのキリスト観

キリスト教では、九階級の天使たちが〈上級三隊・中級三隊・下級三隊〉の三位階に分類される。上級三隊は熾天使・智天使・座天使、中級三隊は主天使・力天使・能天使、下級三隊は権天使・大天使・守護天使である。

九階級からなる天使存在のうち、最も人間に近いのは守護天使＝アンゲロイだ。人間個々人を見守る存在で、「守護神」と呼ばれてきた。シュタイナーは「黎明の神霊たち」と名付けている。信教の自由を人間に与えるのも、守護天使の働きだ。

その上の大天使＝アルヒアンゲロイは、民族を導く存在、民族神である。シュタイナーは「炎の神霊たち」と呼んでいる。大天使のうち、ラファエルが春、ウリエルが夏、ミカエルが秋、ガブリエルが冬を司る。また、七柱の大天使が順次、時代の課題を担う。紀元前六〇〇〜二〇〇年（もしくは紀元前六〇一〜二四七年）＝ミカエル、紀元前二〇〇年〜紀元一五〇年＝オリフィエル、一五〇〜五〇〇年＝アナエル、五〇〇〜八五〇年＝ザカリエル、八五〇〜一一九〇年＝ラファエル、一一九〇〜一五一〇年＝サマエル、一五一〇〜一八七九年＝ガブリエル、そして一八七九年から二三〇〇年ごろまで、新たなミカエル時代に入っている。今日のミカエル時代というのは、それまでの地上的・集団的・民族的な意識に代えて、個人・国際人・精神的人間へと発展する時期である。

大天使の上は権天使＝アルカイ（シュタイナーの命名では「人格の神霊たち」）で、時代精神の導き手である。各々の権天使が二一六〇年間を担当し、紀元前七二二七〜五〇六七年のインド文化、紀元前五〇六七〜二九〇七年のペルシア文化、紀元前二九〇七〜七四七年のエジプト・カルデア文化、紀元前七四七〜紀元一四一三年のギリシア・ローマ文化は、それぞれの権天使からの霊感の下に発展してきた。一四一三年からの二一六〇年間は、精神の輝きをはらむ自己を意識する時代である。

第二位階（中級三隊）の最も下は、能天使＝エクスシアイである。『聖書』には天地創造の神・エロヒムとして登場する。エロヒムというのはエル（神）の複数形で、シュタイナーの見るところでは七柱いる。そのうちの一柱が月神ヤハウェ（エホバ）であり、プレロマと呼ばれる六柱のエロヒム（太陽神）を宿したのがイエス・キリストだというのが、シュタイナー独特の見解である。能天使は人間に個我の形を与えた存在でもある。「形態の神霊たち」とシュタイナーは呼んでいる。

その上にいるのは力天使＝デュナミス（デュナメイス）である。人間に、思いの場である心＝アストラル体を付与した存在だ。「動きの神霊たち」とシュタイナーは名付けている。その上は主天使＝キュリオテテス。人間にエーテル体（肉体を形成する力である生命）を与えた存在である。シュタイナーの命名では「叡智の神霊たち」である。

第一位階（上級三隊）の最も下は座天使＝トローネ。人間に物質的身体の原基を与えた存在で、シュタイナーによれば「意志の神霊たち」である。その上が智天使＝ケルビム。精神化された生命（生命的精神）を流出した存在で、シュタイナーは「調和の神霊たち」と呼んでいる。最上位は熾天使＝セラフィム（セラピム）。精神化された思い（精神的自己）を流出した存在、「愛の神霊たち」である。

中世のキリスト教神学では、古代の天文学に従って天動説を採り、天空は神的な領域である、と考えていた。守護天使の勢力範囲は月天、大天使は水星天、権天使は金星天、能天使は太陽天、力天使は火星天、主天使は木星天、座天使は土星天、そして智天使と熾天使の勢力範囲は恒星天（黄道十二宮）に配されている。

これらの天界の存在たちから分離して、自然界のなかに入ったのが妖精たち、すなわち四大元素霊（自然霊）である。土の精グノーム（ノーム、コボルト）、水の精ウンディーネ、空気の精シルフ、火の精サラマンダーだ。

天使が崇高で善なる存在であるのに対し、妖精は人間と同等（あるいは人間より下）の段階にある者たちであり、善にも悪にもなる。道徳的な態度を身に付けていない人間が妖精に関わると、妖精たちの世界に捕らわれて、心を奪われることがある。

シュタイナーは悪魔を三種類に分類している。ルシファー（ディアボロス、デヴィル）、アーリマン（サタナス、サタン）、そして阿修羅である。

ルシファーは大天使の階級の存在なのに、そこから逸脱して守護天使の階級にとどまった者、アーリマンは権天使の階級の存在なのに、大天使の階級にとどまっている者だ。ルシファーは人間を耽美的な幻想・夢想へと誘惑して、現実感覚を失わせる悪魔である。アーリマンは人間に不安・恐怖を抱かせ、精神を否定させる悪魔である。ルシファーに憑かれると人間は高慢になり、アーリマンに憑かれると攻撃的になる。

本来なら権天使の階級にいる阿修羅は、将来、人間の魂を破壊する力をもって現われる悪魔だ。

＊

「マタイ福音書」のイエスの生誕は、紀元前一年もしくは紀元前二年の一月四日。東方から三人のマギがやってきたのが一月六日だ。このイエスと両親は、ヘロデ王による殺害を免れるべく、エジプトに逃れた。「ルカ福音書」のイエスの誕生は、その年の一二月二五日である。ヘロデ王による嬰児虐殺は、すでに過ぎ去っている。

「マタイ福音書」のイエスは、ゾロアスターの再来である。「ルカ福音書」のイエスはアダムの受肉であり、天空にあったアダムは、インドではクリシュナとして知られていた。ダビデの子どもたちのなかに、ソロモンとナタンがいる。ソロモンの子孫が「マタイ福音書」のイエスであり、ナタンの子孫が「ルカ福音書」のイエスである（これは「マタイ福音書」一章と「ルカ福音書」三章に記されているイエスの系図を見れば一目瞭然だ）。だから、「マタイ福音書」のイエスをソロモン系イエス、「ルカ福音書」のイエスをナタン系イエスという。

ナタン系イエスの生まれた一二月二五日、「高みにおいて神が開示し、地では善意の人々に平和があるように」という言葉が、天使から羊飼いたちに発せられる。この天使はゴータマ仏陀（釈迦）である。エルサレム神殿でイエスを腕に抱いたシメオンは、幼いゴータマ・シッダールタを抱いて「私は年老いているので、この子が仏陀になるのを、この目で見ることができない」と言ったアシタの生まれ変わりだ。シメオンがイエスを抱いて「主よ、私はこの目で、あなたの救いを見た」と言うのは、イエスのアストラル体のなかに仏陀を見たからである。

霊体の仏陀は、ナタン系イエスを守り育てた。ソロモン系イエスは一二歳で死亡し、その魂（ゾロアスター）は、ナタン系イエスのなかに入ってくる。この時点で仏陀はナタン系イエスから去り、それ以後は、エッセネ派教団でイエスと語らったり、洗礼者ヨハネの口をとおして説法を行なった（エッセネ派の指導者イエス・ベン・パンディラは、仏陀の成仏の五〇〇〇年後に、弥勒として地上に現われる）。

三〇歳のイエスは一月六日、ヨハネから洗礼を受けた。このとき、イエスのなかにキリストが下った。キリストは、インドで毘首羯摩、ペルシアでアフラ・マズダ、エジプトでオシリスと呼ばれてきた存在である。イエスのなかにキリストが下ったのは、イエスがキリストを受胎したことを意味する。イエスの体内で、キリストは三年間を過ごす。キリストが生まれ出るのは、イエスが磔刑になった西暦三三年四月三日から復活の日にかけてだ。

キリストは二〇世紀（一九〇九年もしくは一九三〇年代）から、エーテル界に出現する（エーテル体でアストラル界に出現する）。

キリスト体験について、シュタイナーは次のように述べている。「福音書」を通しての道は過去の道である。内的経験を通しての道が今日の道である（人間は挫折して無力を感じるとき、死から復活するキリストを心魂のなかに見出すことができる）。そして秘儀参入が、これからの道である。また、宗教儀礼によって神的存在を地上に呼んでくるのは過去の方法であって、個々人が瞑想をとおして神的世界へと上昇するのが未来的だとしている。

人類史

本書に訳出した講義はシュタイナー独特の宇宙観・人類史観を前提として語られているので、彼のアントロポゾフィー精神学（人智学）の概略を踏まえておく必要がある。

地球は何度かの転生を経てきている、とシュタイナーは考える。最初は熱状態（土星期）、ついで気体状態（太陽期）、そのつぎに液体状態（月期）である。

太陽系宇宙の熱状態期には、熱・火だけが存在していた。熱惑星（土星）は響きを発し、外から来る光・音・匂い・味を反射していた。ここで、人間の物質的身体の萌芽、感覚器官の萌芽が形成されていく。

熱状態期の人間の意識は漠然としていたが、包括的なものだった。個我のない昏睡意識、今日の鉱物の意識である。

熱状態期の最初の段階では、物質的な熱はまだなく、心魂的な熱が存在していた。熱惑星の進化の中期に、人間の物質的身体が熱から形成された。意志の神霊たちが自らの本質を、人体のために流出したのである。ついで、人格の神霊たちが人体に宿って、人間段階を通過した。そのあと、すべてが宇宙の眠りに入っていく。

宇宙の眠りのあと、熱惑星が新しい形態のなかに出現した。空気惑星（太陽系宇宙の気体状態期）である。空気惑星（太陽）は、最初に熱惑星状態を短く繰り返した。気体状態期の中期に、熱惑星の熱は空気へと凝縮した。空気惑星は熱を保持し、空気を発展させたのである。光が発生し、空気惑星は輝き・響き・香りを発していた。空気惑星は周囲から注がれる光・味・匂い・熱を、自分のなかに浸透させてから反射した。空気惑星で、叡智の神霊たちが自らの実質を注ぎ出し、人間にエーテル体が注ぎ込まれた。人間は今日の植物の段階に達したのである。エーテル体が組み入れられたことによって、人間の物質的身体も変化した。栄養摂取器官・分泌器官・消化器官・生殖器官が加わった。

太陽系宇宙の気体状態期に、炎の神霊たちが人間段階を通過した。炎の神霊たちは人体に宿って、個我意識を得たのである。

熱状態期に人間段階・個我意識にいたらなかった人格の神霊たちがいた。この神霊たちは気体状態期に、遅れを取り戻さなければならなかった。この神霊たちは空気惑星で、エーテル体に浸透されていない物質的身体にのみ宿ることができた。だから空気惑星に、もう一度、物質的身体のみからなるものが発生しなければならなかった。それが、今日の動物の祖先である。

空気惑星は、水惑星（太陽系宇宙の液体状態期）として転生する。水惑星（月）は、まず熱状態・気体状態を繰り返し、物質的身体とエーテル体が形成された。それから、水が付加された。やがて、太陽が熱と光を伴って、水惑星から出ていった。高次の存在も水惑星から出ていった。水惑星は太陽のまわりを回るようになった。水惑星は音に浸透され、規則正しい動きをもたらされた。形姿とリズムの体験が物質的身体を成熟させ、物質的身体はアストラル体を受け取った。動きの神々が自らの実質から、人間のアストラル体を流出したのである。人体に神経組織が発生し、人間は動物段階にいたった。

液体状態期に人間段階を通過したのは黎明の神霊たちだった。

植物的な性格を持った鉱物、鉱物的な性格を持った植物が、水惑星の固体・液体状の土壌を形成した。水惑星は動的・生命的であり、その上に生きる存在たちは、自らを寄生動物のように感じていた。

液体状態期において、人間は外的な事物を知覚しなかった。人間が知覚したのは、生命を有した夢のイメージのごときものだった。このイメージは外界と関連しており、人間はそれらのイメージに導かれていた。

液体状態期に、人間は内的な熱をまだ有していなかった。人間は周囲にある熱を受け取り、その熱をふたたび流し出していた。

水惑星は宇宙の夜のなかに消え去り、宇宙の夜から地球が出現する。地球は自らの内に、太陽と月を含んでいた。このころの地球はエーテル状で、今日の土星の軌道ほどに大きかった。地球は霊的な大気に包まれ、人間の心魂は上空にあって、地上の人体形姿に働きかけた。

＊

地球は最初に、熱状態期・気体状態期・液体状態期を繰り返した。そして、人体に血液が組み込まれた。

熱惑星状態の繰り返しのあいだに、地球から土星が分離した。空気惑星状態の繰り返しのあいだに、木星と火星が分離した。ついで水惑星状態が繰り返され、太陽が地球から分離した。太陽は、地球から分離したあと、水星と金星を放出した。

太陽と月と地球がまだ一体であった時代がポラール時代、太陽が地球から出ていった時代がヒュペルボレアス時代である。ヒュペルボレアス時代の人体は鐘の形をしており、上方の太陽に向かって開かれていた。ヒュペルボレアス時代の人間は、子どもを生むと、すぐに自分の魂が子どもの体のなかに入っていったために、死を経験しなかった。

太陽が分離したあと、地球にとって重苦しい時代が始まった。地球は、まだ月と結び付いていた。生命を阻止する力は、おもに月のなかに働く力に属している。この力が当時、地球のなかで強力に作用していた。最も強い心魂だけが、御しがたい身体に打ち勝ち、地上に生きた。レムリア時代である。

レムリアの気温は非常に高く、地球全体が火の海のような状態だった。地球は火の霧に包まれていた。火・液体状の地球から、島が形成されていった。人体を形成していた実質は、まだ柔らかく、ゼリーのようであった。

月が分離していくにしたがって、徐々に人体が改造された。魚・鳥のような姿だったレムリア人は、直立するようになった。脳が発達し、人間は男女に分かれた。そして、人間は死から再誕までのあいだ、いわゆる霊界（心霊の世界）と天国（精神の国）に滞在するようになった。

地球で人間に個我を注ぎ込んだのは、形態の神霊たちである。月が分離したレムリア時代中期になって、個我が人間のなかに入ってきた。海と陸が分かれ、人間が空気を吸うことによって、精神・個我が人間のなかに入ってきたのである。

レムリア時代に人間のアストラル体に働きかけたのが、堕ちた天使ルシファーだ。ルシファーは人間を、神々の予定よりも早く、物質界に引きずりおろした。ルシファーが人間のアストラル体に働きかけたことによって、神々のみが働きかけていたなら受け取っていなかったはずの衝動・欲望・情熱が、人間に植え付けられた。人間は神々から離反する可能性、悪を行なう可能性、そして自由の可能性を得た。

自然法則と人間の意志は分離していなかった。人間の邪悪な情欲は自然に働きかけ、火の力を燃え立たせた。多くの人々がルシファーの影響を受けて悪へと傾いたことによって、レムリア大陸に火の力が燃え上がった。レムリア大陸は、荒れ狂う火によって没落する。助かった人々は西に向かい、アトランティス大陸に行った。霧の国である。アトランティス時代前半期には、人体はまだ柔らかく、心魂の意のままになった。アトランティスの人間のうち、愚かで感覚的であった者は巨人の姿になった。精神的な人間は、小さな姿になった。そして、アトランティス時代に言語が発達した。

進化から逸脱した霊的存在アーリマンが、アトランティス中期から、物質のなかに混ざり込んだ。物質は煙に浸透されたように濁り、人間はもはや神を見ることができなくなった。アーリマンは人間の精神を濁らせ、天を人間の目から隠すのである。

内面（アストラル体）において人間を惑わせようとするルシファーと、外から人間に向かってきて、外界を幻影つまり物質として人間に現われさせるアーリマンがいるのである。ルシファーは内面で活動する霊であり、アーリマンはヴェールのように物質を精神的なものの上に広げて、天界の認識を不可能にする。

アトランティス人は記憶力が発達しており、先祖の体験したことがらを明瞭に記憶していた。アトランティス時代後期に、エーテル体の頭と肉体の頭が一致することによって、自己意識が誕生した。アトランティス時代の終わりには、二種類の人間がいた。第一に、アトランティス文化の高みに立っていた透視者である。彼らは魔術的な力をとおして活動し、霊的な世界を見ることができた。第二に、霊視力を失い、知性・判断力を準備した人々がいた。彼らは計算・概念・論理的思考などの萌芽を有していた。

アトランティス人は意志によって種子の力、空気と水の力を支配できた。アトランティス人の意志が邪悪なものになり、心魂の力を利己的な目標に使うようになったとき、彼らは水と空気の力も解き放った。こうして、アトランティス大陸は水没する。

アトランティスには秘儀の場があり、そこでアトランティスの叡智が育成されていた。さまざまな惑星から下ってきた人間の心魂にしたがって、七つの神託が設けられたのである。太陽神託の秘儀参入者は、魔術的な力をもはや有していない素朴な人々を集めた。そのような人々が、沈没するアトランティス大陸を逃れて、新しい時代を築いていく。彼らを導いた太陽秘儀参入者ノアは、インドではマヌと呼ばれた（レムリア時代はアダムとエヴァの時代、アトランティス時代はカインとアベルの時代である）。

アトランティス後の最初の文化（ポスト・アトランティス第一文化）は太古のインド文化（蟹座時代の文化）である。アトランティス大陸を沈めた洪水から逃れ、太古のインドに集まった人々は、天界への憧憬を有していた。そこに太陽神託の秘儀参入者は、七人の聖仙を遣わした。太古のインド人は「物質界は幻影である。私たちが下ってきた天界のみが真実である」と感じていた。

第二文化期（双子座時代）である太古のペルシア文化期に、物質界は虚妄ではなく、精神的なものの表現・模像であると認識され、地上を改造しようという思いが現われた。

第三文化期であるエジプト・カルデア文化期（牡牛座時代）において、天空の星々に神的な叡智が込められているのを人間は見出した。人間はまなざしを上空に向け、その法則を究明しようとした。

第四文化期であるギリシア・ローマ文化期（牡羊座時代）に、人間は完全に物質界に下った。そして、外界・物質に自分の精神を刻み込んだ。

現在（魚座時代）のあとには、ロシア文化期とアメリカ文化期が続く。また、地球期のつぎに来る宇宙を、シュタイナーは木星期・金星期・ウルカヌス星期と名付けている。

神霊世界

本書『聖杯の探求』には「キリストと神霊世界」という副題が付いている。シュタイナーの言う神霊世界とはどのようなものか、略述しておこう。シュタイナーは物質界の上に心魂界（いわゆる霊界・幽界）があり、その上に精神界（神界・天国）があると見ている。

心魂の特性、つまり衝動・欲望・感情・情熱・願望・感受などは心魂界に由来する。心魂界は物質界よりもずっと精妙で動的である。動物の自我は地上ではなく、心魂界に生きている。

心魂界の存在は心魂素材からなっており、心魂界を「欲望・願望・要求の世界」と呼ぶことができる。心魂存在は、親和性があると相互に浸透し、相反すると反発しあう。そして、地上の空間的距離とは異なって、内的本性（好き嫌い）による距離を示す。

心魂界の存在には、共感と反感の二つの力の作用が見られる。他のものと融合しようとする共感の力と、他を排そうとする反感の力である。共感・反感がどう作用するかが、心魂界の存在の種類を決める。

反感が共感に勝っている段階では、周囲の存在を共感の力によってひきつけようとするが、この共感と同時に反感が内に存在しており、周囲にいるものを押しのける。その結果、自分のまわりの多くのものを突き放し、わずかなものだけを自分のほうに引き寄せる。反感が、近寄ってくる多くのものを突き放し、満足しようがない。この段階の存在は、変化しない形態で心魂界を動いている。この存在の領域を、シュタイナーは「欲望の炎の領域」と呼んでいる。心魂界の第一領域である。

心魂界の第二段階の存在には、共感・反感が同じ強さで作用している。共感・反感が均衡を保ち、周囲のものに中立的に向かい合う。自分と周囲のあいだに、はっきりした境界を引かず、周囲のものを自分に作用させ、欲望なしに周囲のものを受け入れる。このような心魂の領域を、シュタイナーは「流れる刺激の領域」と名付けている。

第三段階の存在においては、共感が反感に勝っている。しかし、共感の力の及ぶかぎり、あらゆるものを自分の領域に引き入れようとするので、この共感は自己中心的である。この存在の領域は「願望の領域」である。

第四段階では反感が完全に退き、共感だけが作用している。ただ、この段階では、共感が存在自身の内だけで作用している。「快と不快の領域」である。以上の四層が、心魂界の下部をなしている。

第五・六・七領域では、共感の作用が存在を越え出ている。第五領域は「心魂の光の領域」、第六領域は「活動的な心魂の力の領域」、第七領域は「心魂の生命の領域」である。これら三層が心魂界上部を形成している。

心魂界の第一領域に入った死後の心魂は、身体のいとなみに関連する粗雑で利己的な欲望を消滅させていくことになる。物質生活への欲望を捨てられずにいる心魂は、満たしようのない享受を求めて苦しむ。

心魂界の第二領域は、人生の外的な瑣事への没入、流れ去る感覚の印象の喜びによって生じた心魂の状態に関連する。そのような欲求も、感覚的・物質的な事物が存在しない心魂界では叶えようがないので、消えていかざるをえない。

第三領域の性質を有する心魂は自己中心的な共感を有し、その共感の力によって対象を自分のなかに引き入れようとしている。この願望も成就できないので、次第に消えていく。

心魂界第四領域は、快と不快の領域である。地上に生きているときは、快・不快が身体と結び付いているので、人間は身体が自分であるかのように感じる。この〈自己感情〉の対象である身体が死によって失われると、心魂は自分が失われたように感じる。心魂界第四領域において、身体的自己という幻想を打ち砕く必要がある。

心魂界の第五領域は、周囲に対する心魂の喜びと楽しみに関連している。心魂は地上で、自然のなかに現われる精神的なものを体験することができる。しかし、感覚的に自然を楽しむこともある。そのように感覚的に自然を享受する心魂の性質が、ここで浄化される。また、感覚的な平安をもたらす社会を理想とする人の心魂は、利己的ではないのだが、感覚界＝物質界を志向しているという点で、この第五領域で浄化される。心魂は第五領域で〈楽園〉に出会い、その空しさを悟ることになる、とシュタイナーは述べている。地上の楽園であれ、天上の楽園であれ、宗教活動をとおして感覚的な安楽の高まりを要求する人々の心魂が浄化されるというのである。

第六領域では、利己的ではなく、理想主義的・自己犠牲的に見えながらも、感覚的な快感の満足を動機とする行動欲が浄化される。また、面白いという理由で芸術・学問に没頭している人は第六領域に属する。

心魂界第七領域で、自分の活動のすべてが感覚界に捧げられるべきだという意見から、人間は解放される。こうして、心魂は完全に心魂界に吸収され、精神はすべての束縛から自由になって、精神界に向かっていく。

＊

地上で考えたこと、地上で抱いた感情すべてが、天では事物の姿をとって自分の周囲に現われてくる。

精神界は思考を素材として織りなされた世界である。地上の人間の思考は、精神界を織りなす思考素材の影である。物質界は現象・結果の世界、精神界は原因・発端の世界である。

精神界には、物質界と心魂界に存在するものたちの原像が生きている。その原像は創造的であり、精神界は絶えざる活動の世界である。それらの原像は、協力しながら創造している。

精神界も七層に区分される。第一領域には、無機物の原像が存在している。鉱物の原像であり、植物・動物・人間の物質的身体の原像である。地上では、空間中に物質が存在している。精神界では、物質の存在しているところが空《から》になっており、その周囲の空間に、物質を創造するものたちが活動している。この領域は、精神界の「大陸領域」と名付けられる。

第二領域には、生命の原像が存在する。思考を素材とする生命が流れており、生命は調和ある統一体をなしている。「海洋部分」と言われる領域である。地上では生命は数多くの存在に分配されているが、天における生命は一個の全体として現われる。人々を結び付けるもの、調和するものを、人間はここで体験する。

精神界の第三領域には、心魂の原像が存在している。物質界と心魂界における心魂の活動は、この領域に天候のように現われる。人間と動物の感じるもの、心のなかに生きる苦痛・喜びが、天の大気圏を形成している。人間が地上で抱いた喜びと苦しみが、いまや大気圏として人間のまわりに存在するのである。すばらしい音が、この天の「大気領域」を貫いている。

地上の陸地・海・空気に熱が浸透しているように、天の三つの領域に私たちの思考が浸透している。思考は天で、形態・本質として生きている。第四領域には、精神界の第一領域・第二領域・第三領域の原像を統率し、秩序を与える原像が生きている。第四領域は、思考の原像の世界である。この四層を通過すると、天の境にいたる。この境に宇宙の記憶がある(天に達すると、宇宙の記憶が見えはじめる)。

第五領域・第六領域・第七領域は、精神界の高次領域になる。精神界下位領域の原像に、原動力を与えるものたちの領域である。この領域に達すると、宇宙の基盤にある意図を人間は知るようになる。この領域には言葉が響いており、あらゆるものが〈永遠の名〉を告げる。精神界の下位領域（有形天）には植物群の自我があり、上位領域（無形天）には鉱物界の自我が存在する。

『聖杯の探求 ―― キリストと神霊世界』について

本書『聖杯の探求――キリストと神霊世界』第一講では、グノーシスが取り上げられている。紀元前一世紀から紀元四世紀ごろにかけて、地中海地方で隆盛した思想である。後期グノシース主義を代表するのがマニ教であり、先に述べたように、この宗教を創始したマニは、聖杯の騎士パルツィヴァルの前世である。

第二講では、神憑り状態でアポロンの神託を告げた巫女たち（シビュラ）がテーマになっている。紀元前数世紀以降、シビュラたちがペルシア、リビア、小アジア、ギリシア、イタリアなどにいたとされる。ナポリ近郊のクマエにいたシビュラは、ローマのプリスクス王に予言書九巻を売りつけようとしたが、プリスクスは高価なために断った。すると、彼女は三巻を燃やし、残り六巻を同額で売りつけた。プリスクスはふたたび断り、彼女はさらに三巻を燃やした。結局、プリスクス王は残り三巻を、最初の言い値で買うことになる。この予言書はカピトリムス丘のユピテル神殿に収められ、天災や疫病、戦争に際してひもとかれた。のちに火災で消失したが、再編されて、パラティヌス丘のアポロン神殿に収められた。しかし四〇八年、ホノリウス帝のときに焼き払われる。

デルフォイのアポロン神殿の巫女ピュティアは、大蛇ピュトンに関連している。大地の女神ガイアの神託所の番をしていたピュトンをアポロンは退治し、ピュトンの死骸はアポロン神殿の聖石の下に葬られることになる。この神話の原型として、人間の心魂に龍を寄せ付けないために自らが龍の姿を受け取った天空のイエスについて、シュタイナーは第三講で語っている。

すでに述べたように、ダヴィデにはソロモンやナタンなど、たくさんの子どもがいる。ソロモンの子孫が「マタイ福音書」に描かれるイエス、ナタンの子孫が「ルカ福音書」に描かれるイエスである。ナタン系イエスは地上に下るまえに三度、天界で人類救済の仕事をした、とシュタイナーはここで述べている(二人のイエスについてシュタイナーが詳しく述べているのは『ルカ福音書講義』〔イザラ書房〕であり、天界におけるイエスの活動については『輪廻転生とカルマ』〔水声社〕でも語られている)。

第四講では、パウロの活動の特徴が解明されるとともに、死と復活の神であるアドニスとアッティスに触れられている。アドニスはフェニキアとキプロス島で崇拝され、アッティスはフリュギア地方やローマで崇拝された。シュタイナーは、エーテル的なキリスト体験の先触れとして、パウロを重視している。キリスト教徒を迫害中のパウロが、霊的なキリスト体験をするというのは興味深い。善良ぶった信者よりも、自らの立場からとことんキリストを追究しようとする者に、神秘体験がやってくるということなのだろう。

第五講から聖杯の騎士パルツィヴァル（ペルスヴァル）が登場し、第六講では、オルレアンの少女ジャンヌ・ダルクとヨハネス・ケプラーに言及されている。

ジャンヌ・ダルクは、百年戦争でイギリスに苦戦するフランスを救うようにという天の声を聞いて、シャルル七世に謁見し、オルレアンを奪還した（ジャンヌ・ダルクを動かした神霊存在は、新プラトン派のヨハネス・スコトゥス・エリウゲナに霊感を与えた存在と同一である）。一四三〇年五月、ジャンヌ・ダルクは捕らえられ、宗教裁判にかけられる。彼女が聖職者による仲介なしに、直接天使の啓示を受け取ったということが異端なのである。彼女に恩義あるシャルル七世は、彼女を助けようとしない。彼女は宗教裁判で、自分の受けた啓示は真正のものだと主張してゆずらず、異端者として火刑に処せられた。一九二〇年になって、法王庁（教皇庁）はジャンヌ・ダルクを聖女にする。数奇な運命である。「運命」と言えば、楽聖と言われるベートーヴェンは、甥カールの養育に悩まされている。フランスにどういう思いがあったのか、「英雄」や「皇帝」を作曲した。周知のとおり聴力を失い、雨の日に死去している。

ヨハネス・ケプラーは一五七一年、ドイツに生まれた。最初、神学を学び、のちにグラーツ（オーストリア）で数学教師になった。一五九六年、彼の『宇宙の神秘』が刊行された。「すべての秘密を教えてくれる」ピュタゴラス、「一層すぐれた観察者」コペルニクスに基づく研究である（周知のとおり、法王庁は一六一六年に地動説を禁止する。第四講で言及されているブルーノも、コペルニクスの影響を受けた人物で、一六〇〇年に火刑に処せられている）。一五九九年にグラーツから追放されたケプラーは、プラハでティコ・ブラーエと共同研究を行なった。ティコ・ブラーエはユリアヌス（すなわちパルツィヴァルの母）の生まれ変わりである。ティコ・ブラーエの死去（一六〇一年）に伴い、その後継者としてケプラーは帝国数学官に任命された。その後、彼は毎年のように著作を発表していく。ケプラーの法則のうち、第一法則と第二法則は『新天文学』（一六〇九年）、第三法則は『宇宙の調和』（一六一九年）に発表された。このケプラーの三法則は、彼のエジプト時代の前世の無意識的記憶に由来する、とシュタイナーは見ている。月旅行を物語る最後の著作『夢』は、彼の死後に刊行された（ちなみにケプラーの母親は一六二〇年、魔女の嫌疑で逮捕されている）。

第六講には、プレスター・ヨハネスの名が出てくる。十字軍遠征で成果を上げられないヨーロッパ人が、イスラム勢力に対抗する人物として期待を寄せたのが、東方に広大な領土を有すると言われたプレスター・ヨハネスだ。プレスター・ヨハネスは景教（東洋に伝播したネストリウス派キリスト教）の信者とされたが、結局だれのことか、はっきりしなかった。

ヨーロッパで聖杯が見えなくなったときに、聖杯が運ばれていったという東方のプレスター・ヨハネスの地に言及したシュタイナーは、キリストが「東洋の地下で活動する」、聖杯が「地球のあらゆる神々を照らす」と、この講義で述べている。シュタイナーは、西洋の知性と東洋の霊性、西洋の愛と東洋の平和が将来の文化にとって大事な意味を持つ、と予想していた。表に現われた「キリスト教」によって視野を狭められずに、東洋文化・日本文化の深みに目を向ければ、そこにも、あらゆる宗教を超えるキリスト精神の働きを見ることが可能である。東洋では、聖杯は蓮華上の宝珠、蓮華上の日輪として、霊光を発してきた。

＊

『聖杯の探求——キリストと神霊世界』は、宇宙の聖杯について語っている。もう一つの聖杯は、内なる聖杯である。前述したとおり、シュタイナーは繰り返し、日光という聖なる愛の槍を受ける花（萼）が聖杯の象徴であり、それは人間においては喉頭に当たるとしている。そして、松果体が聖杯城なのだ、と語っている。

またシュタイナーは、パルツィヴァルは二一世紀に再受肉して、芸術と宗教の分野での指導を引き受け、聖杯の秘儀の力をもって、人間が自ら善悪を決意できるように導くだろう、と予見している。私たちがどこかで若きパルツィヴァルに出会うことがあれば、愉しみなことだ。

キリスト信徒で、シュタイナー精神学に理解を示され、人智学大全の刊行を意図なさっているイザラ書房社長・澁澤カタリナ浩子さんに感謝する。本書各章末の注は、彼女とその友人たちの労作である。

平成一八年季春

西川隆範

※各章末の注釈は、主に『シュタイナー用語辞典』西川隆範著（風濤社）によるものです。他に『ゴルゴダの秘儀』西川隆範著（アルテ）、『オックスフォードカラー英和辞典』（福武書店）、『ケルト文化事典』（大修館）、広辞苑などを参考にさせていただきました。

編集部拝

【訳者紹介】

西川隆範（にしかわ・りゅうはん）
昭和２８年、京都市に生まれる。
青山学院大学仏文科卒業、大正大学大学院（宗教学）修了。奈良・西大寺で得度、高野山・宝寿院で伝法灌頂。ゲーテアヌム精神科学自由大学（スイス）、キリスト者共同体神学校（ドイツ）に学ぶ。シュタイナー幼稚園教員養成所（スイス）講師、シュタイナー・カレッジ（アメリカ）客員講師を経て、精神史研究に専念。おもな著書・訳書に『ルカ福音書講義』『神智学の門前にて』『神秘学概論』『色彩の本質◎色彩の秘密』（いずれもイザラ書房）『ゴルゴタの秘儀』『イエスからキリストへ』『神秘的事実としてのキリスト教と古代の密儀』（いずれもアルテ）『黙示録の秘密』『創世記の秘密』（ともに水声社）『生き方としての仏教入門』（河出書房新社）『薔薇十字仏教』（国書刊行会）『人間理解からの教育』（筑摩書房）『シュタイナー用語辞典』（風濤社）ほか。
http://i-debut.org/ivalue/0000403/

聖杯の探求◎キリストと神霊世界

発行日	2006年7月15日　初版第一刷発行
著　者	ルドルフ・シュタイナー
訳　者	西川隆範
装　幀	稲田さつき
発行人	渋沢浩子
発行所	株式会社 イザラ書房　http://www.izara.co.jp
	〒369-0305 埼玉県児玉郡上里町神保原569番地
	TEL 0495—33—9216　FAX 0495—33—9226
	mail@izara. co. jp
印刷所	株式会社 シナノ

Printed in Japan　Ryuhan Nishikawa 2006
ISBN 4—7565—0100—1　C0010

※本書の無断転載、複製を禁じます。